U0621653

陸增祥磚硯錄二種

白謙慎題

目　录

皇清赐进士及第诰授通奉大夫布政使衔湖南辰永沅靖兵备道翰林院修撰陆公墓志（陆增祥墓志盖，太仓博物馆藏）

陆增祥墓志铭（太仓博物馆藏）

大興專下截文存送故吏民
作五字後浮全專審之上卹
缺者係大興四年吳興六字

南京博物院藏陸增祥跋磚拓（一）

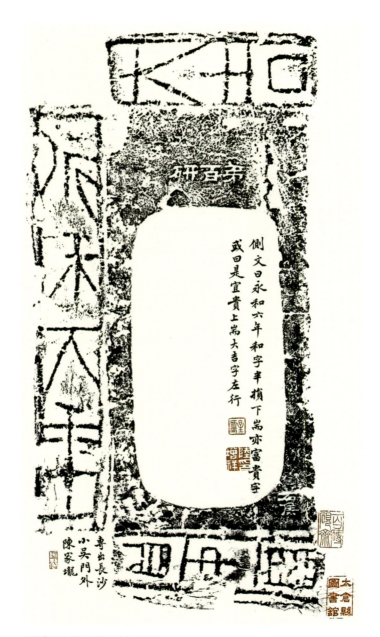

側文曰永和六年和字半損下尚可富貴字
或曰是宜貴上尚大吉字左行

磚出長沙
小吳門外
陳家壠

南京博物院藏陸增祥跋磚拓（二）

側存咸和元年四字年字六半損上端列王尚造三字

南京博物院藏陆增祥跋砖拓（三）

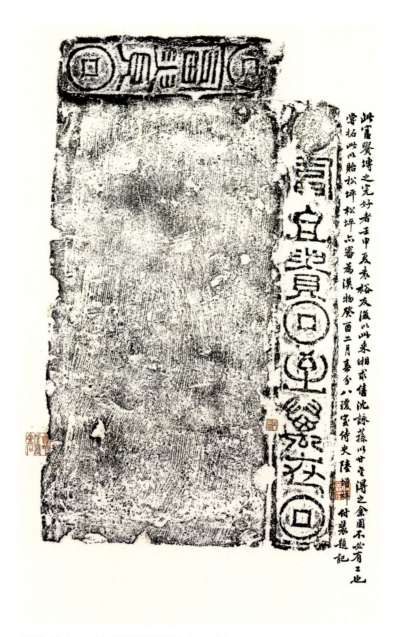

此富贵砖之完好者壬申夏泰裕友送此砖来湘求售沈咏荪以廿金得之余固不必有二也尝拓此以贻松坪松坪点审为汉物癸酉二月圭分八溪宫待史陆增祥付装题记

《富贵砖》之一，上海图书馆藏陆增祥金石十二屏之一

此富貴磚之完好者従表裕友崇得之
余既昌瓦得三磚製爲屏並將此拓
本別裝一幀以見仝璧 增祥

此富貴磚之小者與仝瓦得者無二
惟文字有剝鈇耳

《富貴磚》之二，上海图书馆藏陆增祥金石十二屏之二

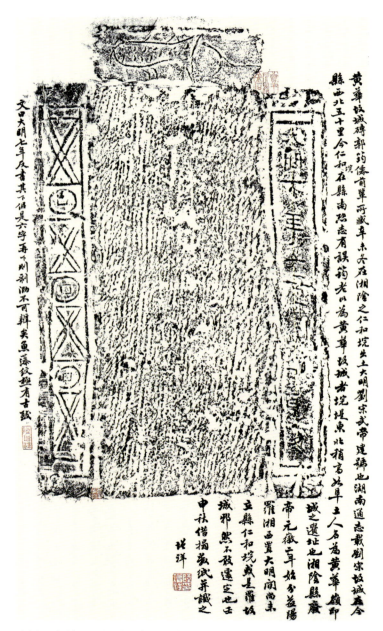

黄華故城磚郭後翠可藏車未央在湘陰之仁和埠出土大明劉宋武帝建號也湖南通志載劉宋故城在今

縣西北五十里今仁和在縣南陷志有誤筠老以為黄華故城者埠堤東北稍高以辱主人名為黄華縣卯

城之遺址也湘陰縣廳

帝元徽二年始分益陽

羅湘西置大明間尚未

立縣仁和坑或是羅坂

城邾然不敢還空也王

申冰惜揚㣲戠并識之

延祥

文田大明七年反書其下傴是六字再下刮泐不可辨矣歷叕亟有古跋

《黄華故城磚》，上海圖書館藏陸增祥金石十二屏之四

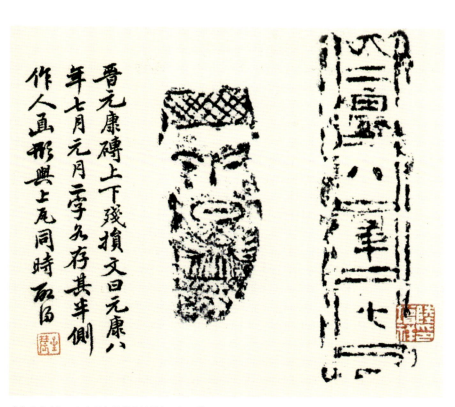

作人面形與上尾同時 缶自

晉元康磚上下殘損文曰元康八年七月元月二字久存其牛側

《晋元康砖》，上海图书馆藏陆增祥金石十二屏之五

《晋太康》，上海图书馆藏陆增祥金石十二屏之六

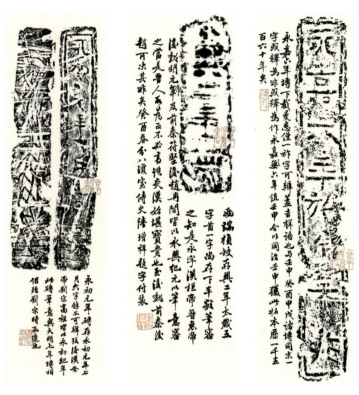

《晋永嘉砖》《晋永兴残砖》《南朝宋永初砖》，上海图书馆藏陆增祥金石十二屏之六

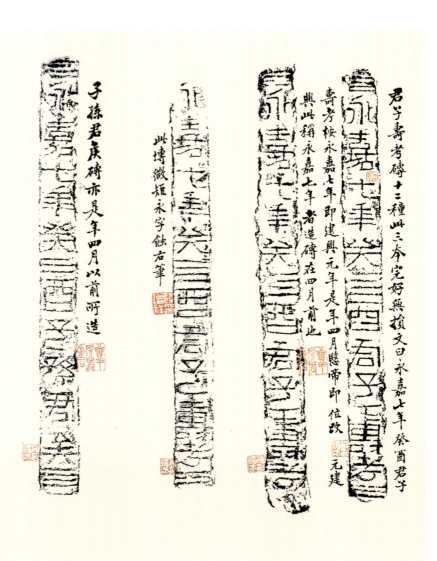

君子壽考磚十三種此本完好無損文曰永嘉七年癸酉君子壽考快永嘉七年即建興元年是年四月愍帝即位改元建興此稱永嘉七年者造磚在四月前也

子孫君庶磚亦是年四月以前所造

此博微姬永字蝕石筆

《永嘉七年君子壽考磚三種》《永嘉七年子孫君侯磚》，上海圖書館藏陸增祥金石十二屏之九

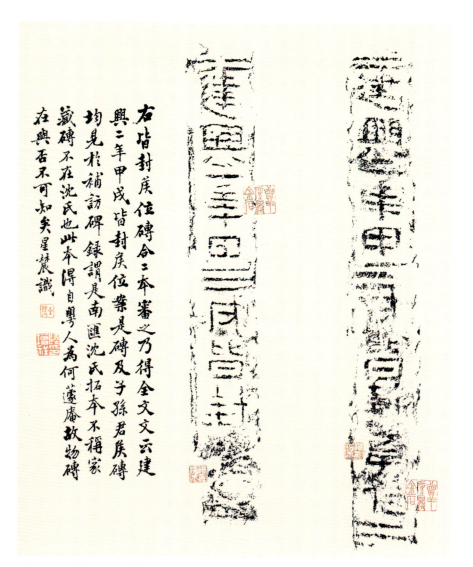

右皆封侯位磚合二本審之乃得全文云建
興二年甲戌皆封侯位柰是磚及子孫君侯磚
均見於補訪碑錄謂是南匯沈氏拓本不稱家
藏磚不在沈氏也此本得自粵人為何蓬庵故物磚
在興否不可知矣星農識

《建兴二年皆封侯位砖二种砖》，上海图书馆藏陆增祥金石十二屏之九

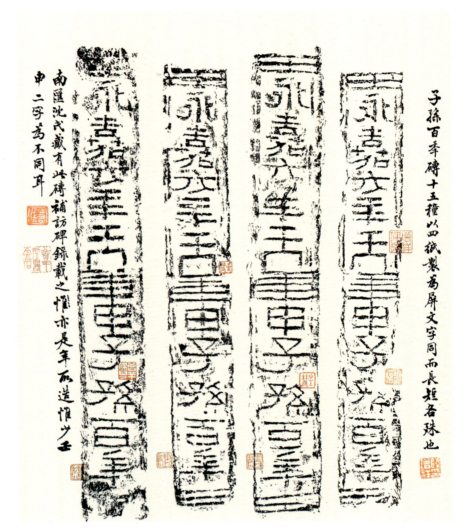

《永嘉六年子孫百年磚》，上海圖書館藏陸增祥金石十二屏之十一

序

言

序 言

梅松

砖，又作塼、甎、塼、甓。《韵会》："甓也。"《诗》："中唐有甓。"《毛传》："甓，瓴甋也。"《尔雅》："瓴甋谓之甓。"古砖以汉、三国、六朝砖为多，一般都有记治葬年月、墓主和子孙姓名、吉语等文字，或者花纹图案。从文献记载来看，至少早在唐代就有发现古砖的零星记载。乾嘉以后朴学兴起，金石门类不断拓宽，古砖鉴藏蔚然成风，尤其在两浙地区，上至达官显宦，下至草野民夫，靡不爱之。

一、收藏：从零星发现到大量搜集

（一）文献中的唐宋元明时期的古砖发现

墓砖自唐宋以来就有零星发现，不过未被重视，如：

（开元十一年）初，有司奏：修坛掘地……又获古砖长九寸，有篆书"千秋万岁"字，及"长乐未央"字。[1]

吴孙王墓在盘门外三里，政和间村民发墓砖，皆作篆隶，为"万岁永藏"之文。[2]

晋王氏墓在县南七十里楼崎山，墓砖蟭形鱼文，贯以柳，或为钱状。旁有文云"晋永和十二年岁次丙辰八月壬午琅琊国"，或云"八月壬午作方甓二千楼崎洽典作"，或云

[1][宋]王溥：《唐会要》卷十上，中华书局，1998年版，第213页。

[2][宋]范成大：《吴郡志》卷三十九，北京图书馆藏明刻本。

"太元十五年",余皆漫不可识。[1]

乾道中上皋耕者得古砖,有文曰"五凤元年三月造",以献府牧洪文惠公。文惠命镌以为砚,置案间,意甚爱之,然所著《隶释》《隶续》皆不载,岂以其篆体非隶字耶。[2]

淳熙癸卯岁,三山陆氏凿渠泄水,得古砖,有铭曰"永安五年七月四日造作",又一砖曰"太康十年七月造",盖吴及西晋物也。[3]

晋何史君墓。淳熙八年,骆忠翊嗣业,创祠山别庙于于潜县东一里南阳山,获古冢陶砖,上有"太康五年甲辰何史君墓"十字。[4]

赵墓。在于潜县东十二里,古老传赵宣子墓……近即其地得陶砖二,有"咸和二年九月参军赵悌建立冢功"十四字,故又以为赵参军墓。[5]

吴郡余杭邵氏夫人墓在吴江县陈思村。《砚格书奁》云:"至顺四年,耕夫得砖于古圹中,上有文曰'赤乌五年七月造',又一方覃上刻曰'吴郡余杭邵氏夫人之墓'。"[6]

其他如《嘉祐杂志》《续夷坚志》《重修毗陵志》《嘉靖彰德府志》《嘉靖青州府志》《万历绍兴府志》《浙江通志》《道光广东通志》等笔记和方志中均有古砖出土的记载,[7]不过一直以来并没有引起重视。这些文献所载古砖,与近年来相对应地区出土的古砖均相吻合。

南宋时期最著名的是绍兴稽山出土的王献之(344—386)《保母志》残砖,宋元之际的姜夔(约1155—1209)、周密(1232—约1298)、鲜于枢(1246—1302)、

[1] [宋]陈耆卿等:《嘉定赤城志》卷三十八,临海朱氏重梓本。

[2] [宋]施宿等:《嘉泰会稽志》卷十三,嘉庆戊辰重镌本。

[3] [宋]施宿等:《嘉泰会稽志》卷十三。

[4] [宋]潜说友等:《咸淳临安志》卷八十七,同治六年补刻本。

[5] [宋]潜说友等:《咸淳临安志》卷八十七。

[6] [明]王鏊等:《姑苏志》卷三十四,台湾学生书局,1963年版,第472页。

[7] 参见朱明歧主编:《古砖荟》,文物出版社,2015年版。

赵孟頫（1254—1322）等名流皆藏有拓本，《保母志》的鉴藏热潮，一直持续到明清时期。不过此砖，宋人已疑其伪，限于篇幅，这里不作展开。

（二）朴学影响下的古砖鉴藏

明末清初朴学兴起，如顾炎武（1613—1682）、朱彝尊（1629—1709）等学者，一改宋、明以来疏空的学风，以务实严谨的态度讲求躬行实证，于是学术目光投向荒郊野岭的碑版砖瓦。陈用光（1768—1835）在《浙江砖录·序》中说：

金石之学至我朝而集其成，若亭林、竹垞、覃溪、述庵、渊如诸公，收罗考证，可谓不遗余力矣。至于砖石之余也，自有宋洪文惠始著于录，后之言金石者，皆略焉。夫古人营一宫室，筑一垣墉，造一冢墓，下至井户街道之微，必书其年月、姓氏、都料、工匠之所出，而又系以吉祥之语。盖一事必蕲之永久，垂诸万基，其用意非后世所能及也。若夫制度之质朴，文字之古雅，有远胜于羽阳、铜雀、香姜诸瓦者，好事者制为砚材，供之案几，俨与羚羊、龙尾并珍矣。近年浙江出土为多，云伯辑成一书，以补金石之缺，他日各省踵而为之，则是录实古甓之权舆云。道光十三年十月，新城馆愚弟陈用光序。[1]

这里提到的除了顾炎武、朱彝尊之外，还有翁方纲（1733—1818）、姚鼐（1732—1815）、孙星衍（1753—1818），都是务求实证的朴学家。随着朴学研究的深入，学

[1][清]冯登府：《浙江砖录》，清道光十六年（1836）刻本。

者们逐渐认识到古砖的"制度之质朴，文字之古雅"，并将其"与羚羊、龙尾并珍"。在此影响下，出现了一大批古砖鉴藏者。张廷济（1768—1848）在严福基（生卒年不详）《严氏古砖存》序中说：

> 瓴甋谓之甓，致顽物也，而求古者，厕诸古彝鼎、碑碣之列，文字洵足重哉。余少时于海盐海滨渔舍，得"永宁""元康""太康"等砖，是时同此好者文鱼、蓬园、季勤诸昆弟，钱柞溪、钱寄坤、李一征、吴侃叔、陈南叔、黄椒升、郭绅垂、徐籀庄，他无闻焉。嘉庆四年己未之春，相国仪征师为余榜读书处曰"八砖精舍"，同门友朱椒堂为赋七言长句。嗣后师来抚浙，署所居曰"八砖吟馆"，而南康谢苏潭方伯亦有"八砖书舫"，都人士谭古砖者竞起，而地不爱宝，砖之千百年沉霾者亦日出。即以鄙藏而言，徐雪庐、苏华农、徐爱山以湖州砖至，赵晋斋、王检叔、徐问渠、葛涬南以杭州砖至，朱石梅、葛素如、葛子斋以绍兴砖至，温遂之以粤东砖至，斗室中几无贮处。至朋辈之藏弆者陈抱之、王二樵、钮苇村皆致精且富，而海昌六舟僧、桐城吴康甫少府尤猛。六舟行脚所获，奇奇怪怪，时出寻常耳目之外。康甫耆（嗜）古砖如性命，多多益善，俸钱不给，辄典衣损食以取易，谭之皆可发一笑者也，余故皆有诗纪之。然正以文日繁富，则著录更不易易。文鱼昔有《三吴古砖录》稿本，其子质夫踵而益之。雪庐亦有《古砖所见录》。康甫手自钩摹稿，且高数尺。年世好冯柳东进士，近则已刊录成书，然仅纪其文，未见古人书法之妙，且即其所录，如

吾家所藏，尚不及十百之一，则知著录之难也。[1]

张廷济可以说是嘉道时期金石界的核心人物，序中提到的几乎是当时两浙地区古砖鉴藏者总录。阮元（1764—1849）两任浙江，为学政和巡抚，谢启昆（1737—1802）任浙江布政使，以他们两人的身份地位而言，其影响力不言而喻。因此江浙地区藏砖风气的蔓延，实际上与阮元、谢启昆等人的倡导有着必然的联系，如张廷济、徐熊飞（1762—1835）、陈经（1792—？）等人均是阮元门下弟子。

阮元八砖吟馆所藏八砖分别为"五凤""黄龙""永吉""蜀师""天册""大兴""咸和""兴宁"。谢启昆八砖书舫是指"永平"砖七，"永兴"砖一。张廷济八砖精舍是指"万岁不败""蜀师""太康二年""永宁元年""元康二年""吴氏""儒墓""万因"八砖而言，实际上，张氏藏砖数量远不止八数，详见《清仪阁所藏古器物文》。徐正源（生卒年不详）之父尝任武康（今德清）教官，清仪阁藏砖中的"罗道人"就是其得于武康，转赠张廷济的。王巘（生卒年不详）与翁方纲友善，翁氏有《乌程王氏宝鼎精舍古砖文册》诗歌咏之。张廷济序还提到了数位古砖的痴迷者：陈经、王巘、钮重熙（生卒年不详）所藏"皆致精且富"；海宁僧六舟（1791—1858）"行脚所获，奇奇怪怪，时出寻常耳目之外"，六舟是金石界的名流，曾任湖州演教寺主持，"生平所见古砖不下三千种，所藏亦数百种"[2]；桐城吴廷康"嗜古砖如性命，多多益善，俸钱不给，辄典衣损食以取易"，吴氏是古砖界的大佬，其书法就是

[1] [清] 张 廷 济：《严氏古砖存·序》，上海明止堂藏清刻本。

[2] [清] 张 廷 济：《严氏古砖存·序》。

直接师法古砖文字，并形成自己的特色。道咸以后，陆心源（1834—1894）后来居上，所藏的古砖数以千计，并著录成书，影响最大。

乾嘉以来古砖出土地点以两浙地区的湖州、宁波、绍兴等地最多。如周中孚（1768—1831）所藏古砖是以杭嘉湖地区为主；僧六舟、冯登府（1783—1841）所收是浙江砖；吕佺孙（1806—1857）所收百品古砖出自宁波；陆心源千甓亭所藏一千多枚古砖主要是采自湖州地区；吴隐（1867—1922）所购数百枚古砖也均是湖州所出。在古砖鉴藏风气影响下，原来"至粗且贱"[1]的古砖变得奇货可居，造成乡民四处搜罗、待价而沽的现象，挖冢盗墓的现象非常普遍，所以陆心源《千甓亭古砖录》跋云："时士大夫有同好者争购竞收，砖益奇贵，市侩攘攘趋利甚，且盗冢以求。"[2]所谓重利之下，必有趋利者。

二、致用：从证经补史到艺术雅玩

（一）古砖之于证经补史

陈康祺（1840—1890）说："乾嘉巨卿魁士，相率为形声、训诂之学，几乎人肆篆籀，家耽《苍》《雅》矣。诹经榷史而外，或考尊彝，或访碑碣，又渐而搜及古砖，谓可以印证朴学也。"[3]于此，俞樾（1821—1907）在吴廷康《吴康甫慕陶轩古砖图录》《陆星农观察秿砖砚斋砚谱序》中说：

余经生也，欲通经训，必先明小学。而欲明小学，

[1][清]张祖翼：《遁庵古砖存·序》，民国西泠印社刊本。

[2][清]陆心源：《千甓亭古砖录》，吴兴陆氏十万卷楼藏版。

[3][清]陈康祺：《郎潜纪闻二笔》卷十四，中华书局，1984年版，第589页。

则岂独商周之钟鼎、秦汉之碑碣足资考证而已，虽砖文亦皆有取焉。《诗·江汉篇》："肇敏戎公。"《传》曰："公，事也。"盖读"公"为"功"，故训"事"。《后汉书·宋闿传》正作"肇敏戎功"，可证也。而砖文书某年月日"立功"，亦有作"立公"者，如云"兴宁二年七月廿三日立公"是也。"功""公"通用，可证经义者一。《易·丰·象传》："丰其屋，天际翔也。"郑康成、王肃、虞翻本，"翔"皆作"祥"。孟喜以恶祥说之，盖古字古义如此。今作"翔"者，假字耳。而砖文"吉祥"字，亦有作"吉翔"者，如云"赤乌七年造作吴冢吉翔位至公卿"是也。"翔""祥"通用，可证经义者又其一。[1]

余频年从事研经，因究心小学，于金石之文时有采获，即如此册中"宜侯王"砖，"王"字中画独长，盖古人作字初无定形，后人不知，遂误作"壬癸"之"壬"。如《左传·文公七年》之"宋公王臣"，或作"壬臣"是也。乃《尚书·牧誓》："厥遗王父母弟。"《汉石经》竟作"厥遗任父母弟"。不特误"王"为"壬"，并且从人作"任"。蔡邕等正定六经文字，无乃卤莽邪？又此册中"太岁"或作"泰岁"，"大吉"或作"太吉"，盖"大""太""泰"三字，古通用。相如《上林赋》："荡荡乎，八川分流。"又曰："东注太湖，衍溢陂池。"此"太湖"即大湖，泛指湖之大者也。《说文》："湖，大陂也。"《广雅》："湖，池也。"是"湖"与"陂池"同类。下句"陂池"无一定之地名，则上句"湖"字亦无一定

[1] [清]俞樾：《春在堂全书》第四册，《春在堂杂文续编二》，凤凰出版社，2010年版，第75—76页。

之地名。注家不知"太""大"同字，而以震泽实之，则上文所言"八川"皆在秦中，安能东注吴县之太湖乎。[1]

俞樾以具体生动的实例，说明古砖文字在解读经学中的重要作用。

凌霞（1820—1903）《千甓亭古砖图录·序》云："金石文字之可贵，以其可以考古事，证异文，故学者多耆（嗜）之。而于古甓亦然，往往于残断剥蚀中，于地理、官制，借以订讹补阙，而姓氏之稀异品，时一遇之。"[2]诚如凌氏所说，古砖在历史学中的作用主要体现在两方面。一是补史阙。如古砖中所发现的郡望、官职等，对于历史地理、官职的研究，具有重要的参考补充价值；古砖中的墓志、买地券、记功莂等，可以补充文献之不足。二是证史谬。如古砖中所出现之年号、人物、记功、记事等，往往有与史书不相同者，反过来可以证明史书流传过程中的讹误等。

（二）古砖之于艺术实践

1. 摹古砖文字入印

在"印外求印"印学思想的影响下，篆刻家们不再局限于取法篆刻本身，而是广泛汲取钟鼎、汉镜、钱币、古砖等文字，将其化用到篆刻中去，如丁敬（1695—1765）等人对古砖文字的取法，吴让之（1799—1870）对汉碑额文字的化用，黄士陵（1849—1908）对于钟鼎文字的摹写，赵之谦（1829—1884）对汉镜、钱币文字的汲取，都是极好的例子。

[1][清]俞樾：《春在堂全书》第四册，第79页。

[2][清]凌霞：《千甓亭古砖图录·序》，浙江古籍出版社，2011年版，第1页。

乾嘉以来，在两浙地区古砖鉴藏风气的影响下，丁敬、钱松等"西泠八家"，不但模仿古砖文字的字法、章法，而且还以切刀来表现印文的斑驳残缺之意，增加了印章的古拙美，形成浙派篆刻的明显标志。吴昌硕也曾追随浙派印风，其直接标明师法古砖的篆刻作品就有"既寿"[1]（图1）、"不雄成"[2]、"仓石"[3]、"八百石洞天仙客"[4]、"千石公侯寿贵"[5]等。其中"既寿"是模拟陆心源《千甓亭古砖录》中"既寿考宜孙子"砖文（图2），"千石公侯寿贵"则是模仿张廷济旧藏"千石公侯寿贵"砖文。该砖见《清仪阁所藏古器物文》，钱松（1818—1860）也曾以之入印。吴云致张之万信中提到张廷济曾以此砖一枚送给阮元，作为阮氏八十岁的寿礼。[6]吴大澂（1835—1902）《题吴昌硕印存》有"鼎彝古籀妙错综，陶钵奇文精研核。参以六朝残甓书，

[1] 二枚，款分别云："仿汉砖文，俊卿。""吴俊拟汉砖文，时乙亥中秋节。"（《中国历代篆刻集萃·吴昌硕》，浙江古籍出版社，2007年版，第46、75页）

[2] 款云："光绪乙酉春，于吴下获'大贵昌'砖，摹此，苦铁。""古之真人，不逆寡，不雄成。乙酉十月，仓硕。"（邹涛主编：《吴昌硕全谱》篆刻卷一，上海书画出版社，2015年版，第79页）

[3] 款云："盐城得'仓'字砖，兹仿之。缶道人记于袁公路浦，时庚子春王正月。"（邹涛主编：《吴昌硕全谱》篆刻卷一，第163页）

[4] 款云："拟汉砖文，聋。"（邹涛主编：《吴昌硕全谱》篆刻卷二，第592页）

[5] 款云："仿钱耐青，苍石。"（邹涛主编：《吴昌硕全谱》篆刻卷二，第286页）

[6] [清]吴云，白云娇辑释：《吴云函札辑释》卷一，凤凰出版社，2019年版，第212页。

图1　吴昌硕刻"既寿"印

图2　陆心源藏"既寿考宜孙子"砖拓本

忽似两京穹碑额"[1]之云，说明广参博取是一位优秀篆刻家的基本功。

2. 以古砖文字入书

古砖文字字体造型独特，变化多端，具有民间书法质朴的意趣。汉砖文字以缪篆为主，与汉印有异曲同工之妙。六朝古砖文字不拘泥于一体，篆隶均有，书法上也稍显粗糙，别字也普遍增多。三国古砖，介于二者之间，既有标准的缪篆，也有地域风格明显的其他字体，如近年绍兴出土的"凤凰三年"砖，是典型的《天发神谶碑》字体，与三国时期的东吴书风一致。

取法古砖文字入书者，不乏其人。如潘周尊（生卒年不详）伍罴斋旧藏"岁吉月祥福祚永昌，延年益寿万载无疆"砖文，吴廷康非常喜爱，曾多次临仿（图3）。僧六舟、许槤（1787—1862）有摹砖文的书法对联（图4），吴昌硕也有"金石同寿"摹古砖文字的横幅。吴昌硕诗云"缶庐道亦在，残罴抱左右"，"赤乌认八分，波磔谢古茂"[2]，"瓦罴幸饶秦汉意，乾坤道在一盘桓"[3]，"始皇焚书书浩劫，道在瓦罴未易磨"[4]，"天纪篆文蟠云雷，阿仓获此如获碑"[5]等，可见吴昌硕是将古砖与秦汉碑版置于等同地位。

3. 以拓本创作博古画

古砖传拓主要有两种方式：一种是简单的文字传拓，几乎人人都能操作；一种是全形拓，具有一定的技术含量，精于此道者方能为之。简单的文字拓片，可以文字题跋的方式进行创作，僧六舟、吴廷康、吴昌硕等人均有作品存世，这

[1] [清]吴大澂，印晓峰点校：《愙斋诗存》，华东师范大学出版社，2009年版，第138页。

[2] [清]吴昌硕：《长生未央砖拓本为长尾》，《缶庐诗》卷五，浙江图书馆藏八卷本。

[3] [清]吴昌硕：《书〈削觚庐印存〉后》，《缶庐诗》卷四，浙江图书馆藏八卷本。

[4] [清]吴昌硕：《遁庵古匋存》，《缶庐诗》卷六，浙江图书馆藏八卷本。

[5] [清]吴昌硕：《天纪砖砚铭》，《缶庐诗》别存，卷三，光绪十九年刻本四卷本。

图3 吴廷康摹古砖文字　　图4 许梿摹砖文联

里不作展开。

　　清末民国时期，利用古砖和陶、铜器等全形拓穿插组合，进行博古画创作者不乏其人。其中以僧六舟等人为陈銮（1786—1839）所作《古砖花供图》（图5）最为精彩，该卷集拓古砖共计十二种，分别拓成花盆全形，补以松、竹、梅、水仙、菊花、菖蒲等十余种植物。又吴昌硕、张俰（生卒年不详）、姚慰祖（生卒年不详）三人合作的《博古图》

四条屏（图6）也是一件精品之作。作品中古砖和铜器全形拓，出自姚慰祖之手，吴昌硕作金石题跋，张倬绘花卉。四帧共拓铜器六件，古砖八枚：太宁□年，武元康元年，常宜子孙，大泉五十富贵，大吉，元康八年包，咸安二年太岁在壬申八月□日造，五十泉文。

图5　僧六舟《古砖花供图》

图6　吴昌硕、张倬、姚慰祖合作《博古图》四条屏

（三）作为文房长物的古砖

古砖不但有文字和纹饰美，而且还可以寄幽古之思，因此制成砚台、琴几、香插、花盆、茶台作为文房长物，在文人圈内颇为流行。接下来以古砖之为砚台和琴几，略述之。

1. 砖砚

以古砖制成砚台，成为文房长物，宋元时期已有之（瓦砚为多），乾嘉以后盛行之，如张廷济、僧六舟、吴廷康、潘周尊、吴昌硕、沈汝瑾（1858—1917）等人均有此癖。杨岘（1819—1896）《潘周尊传》云："好金石，尤好古甓。获一甓，必手琢磨为砚，拓其文，潢治巨册，遍丐大江南北名流考证而题识之。"[1]以此可见潘周尊非常热衷于古砖砚的制作。前揭张廷济旧藏"千石公侯寿贵"砖，也被制成了砚台（图7）。僧六舟甚至自号"百八古砖研斋"，其云："余于道光六年秋，游止过临海，邑人指示郡城西南隅净土寺故址为

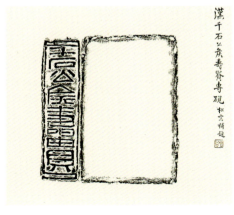

图7　张廷济藏"千石公侯寿贵"砖砚拓本

[1] [清]杨岘：《迟鸿轩文续》，《续修四库全书》。

[1] [清]僧六舟题《南宋二十八宿井古砖拓本》，浙江省博物馆编：《六舟：一位金石僧的艺术世界》，西泠印社出版社，2014年版，第117页。

[2] [清]吴昌硕：《缶庐诗别存》自序，光绪十九年（1893）刻本四卷本。

[3] [清]吴昌硕：《缶庐诗别存》，卷一，光绪十九年（1893）刻本四卷本。

[4] [清]吴昌硕：《缶庐诗》卷二，浙江图书馆藏八卷本。

[5] [清]吴昌硕：《缶庐诗》卷二，浙江图书馆藏八卷本。

[6] [清]吴昌硕著，吴东迈编：《吴昌硕谈艺录》，浙江人民美术出版社，2017年版，第143页。

[7] 邹涛主编：《吴昌硕全集》（绘画卷一），上海书画出版社，2017年版，第15页。

[8] 邹涛主编：《吴昌硕全集》（书法卷一），第55页。

二十八宿井基之一。昔时甓井得见古甄，花样字迹，种种不同。亟访之，果得晋永和、永宁，齐隆昌等砖，藏之游篋，归制为砚。迩来砖兴大发，以杭嘉湖三郡城，共蓄古砖百八品，适符牟尼之数，即颜其庐曰'百八古砖研斋'。"[1]

吴昌硕对古砖砚也是情有独钟，《缶庐诗别存》自序云："予嗜古砖，绌于资，不能多得，得辄琢为砚，且镌铭焉。"[2]其《缶庐藏汉魏古甓数事，琢砚供书画，苦寒，水冻笔胶不能下，儿童戏供水仙于上，天然画稿也，拥炉写图，题小诗补空》诗云："缶庐长物惟砖砚，古隶分明宜子孙。卖字年来生计拙，商量改作水仙盆。"[3]《瘦羊赠汪郎亭侍郎鸣銮手拓石鼓精本》诗云："清光日日照临池，汲干古井磨黄武（时以黄武砖为砚）。"[4]《谢沈公周瑾赠赤乌残砖》诗云："琢砚用之久长乐，脱本入手双乌银。嘉惠平生敢忘却，寄书想见三摩挈。爱我疏狂不我嗫，只愁荒伧字不识。病入膏肓无可药，冷淡生涯且磨墨。"[5]《汉砖拓本为日本友人题》诗云："老眼摩青瞳，恨未能攫取。琢砚佐文房，供我写石鼓。"[6]这些皆是吴昌硕以砖砚佐文房，并借以发挥幽古之思的真实写照。其书画创作也常以古砖砚为之，如光绪乙酉（1885）花朝后一日为潘钟瑞（1822—1890）绘《墨梅图》，"试建衡砖砚"[7]；丁亥（1887）为恕甫书"秦半两泉，汉大吉砖"联，"试建安砖砚"[8]等。

2. 琴几

以古砖作为琴几，明清之际盛行之，如屠隆（1543—1605）、汪价（1611—约1684后）、周亮工（1612—

1672）、袁栋（1697—1761）均有记载：

琴台。以河南郑州所造古郭公砖，长仅五尺，阔一尺有余，上有方胜或象眼花纹，用镶琴台，长过琴一尺，高二尺八寸，阔容三琴，以坚漆涂之。或用维摩式，高一尺六寸，坐用胡床，两手更便运动。高或费力，不久而困也。尝见一琴台，用紫檀为边，以锡为池，于台中置水蓄鱼，上以水晶板为面，鱼戏水藻，俨若出听，为世所稀。[1]

河南最多琴砖，一名郭公砖，有各色花纹，以海马为贵，其中空虚，两头有孔，以之荐琴，其声清越。[2]

余乡多郭公砖，体制不一，以长而大者为贵，江南人爱之，以为琴几。荥泽荥阳尤多……此砖昔但以空心名，后以为宜于琴也，遂以琴名。既修堤后，遂竟呼为郭公砖矣。[3]

余得古砖，长大而中空，可为琴几，名曰郭公砖。[4]

所谓"郭公砖"，实际上就是河南地区所出土的空心砖，其形制大小与琴桌相仿佛，中空有孔，易于声音的传播和共振，所以明清以来流行以之作为文房长物琴几，满足文人雅士的癖古之思。

三、砖著：从文字著录到墨本传拓

乾嘉以后，随着古砖鉴藏蔚然成风，古砖爱好和收藏者增多，将藏品结集成书者也颇多。凌霞《千甓亭古砖图录·序》中云：

逮国朝以来，耆（嗜）者既多，搜讨渐博。尝见褚千峰所辑《古砖录》，其中颇有异品，然未梓行。厥后纂辑为书者，

[1][明]屠隆：《考槃余事》卷二，明万历沈氏刻本。

[2][清]汪价：《中州杂俎》卷二十（《四库全书存目丛书·史部》第249册），齐鲁书社，1996年版，第444页。

[3][清]周亮工：《因树屋书影》卷二，清康熙刻本。

[4][清]袁栋：《书隐丛说》卷十八，清乾隆刻本。

则有张氏燕昌《三吴古砖录》，冯氏登府、释达受各有《浙江砖录》，周氏中孚有《杭嘉湖道古砖目》，徐氏熊飞有《古砖所见录》，陈氏宗彝有《古砖文录》，丁氏芮模有《汉晋砖文考略》，陈氏璜有《泽古堂古砖录》，王氏懿有《宝鼎精舍古砖录》，钮氏重熙有《百陶楼甓文集录》，吴廷康有《吴康甫慕陶轩古砖图录》，严氏福基有《严氏古砖存》，吕氏佺孙有《百砖考》，纪氏大复有《古砖品》，宋氏经畲有《瓬甋录》，近时陆氏增祥有《皕砖砚斋砖录》，皆是也。[1]

存世古砖著述，据笔者不完全统计大约有数十种。初期砖著以保存文献为主，文字著录为多，如阮元《两浙金石录》，将古砖文字收录其中，阮元对古砖的重视，显然也是出于保存文献的考虑。还有如冯登府《浙江砖录》、严福基《严氏古砖存》、吕佺孙《百砖考》、陆心源《千甓亭古砖录续录》、王修（1898—1936）《汉安瓿瓻砖录》等，均是以文字著述，也是出于保存文献的考虑。

前揭张廷济《严氏古砖存》序中已经提出批评："世好冯柳东进士，近则已刊录成书，然仅纪其文，未见古人书法之妙。"这显示了乾嘉后期古砖鉴藏观念，已经开始从文献保存向艺术鉴赏转化。随着传拓技术提高和鉴藏观念转变，砖著也逐渐向墨拓图像转化，如张廷济《清仪阁所藏古器物文》、陈经《求古精舍金石图》、吴廷康《吴康甫慕陶轩古砖图录》、陆心源《千甓亭古砖图录》、吴隐《遁庵古砖存》等。以拓本、题跋和考证文字相结合，将古砖的学术和艺术价值双重呈现。

[1] [清]凌霞：《千甓亭古砖图录·序》，浙江古籍出版社，2011年版，第1—2页。

乾嘉以来砖著一览表

著作	姓名	字号	时间	籍贯	备注
《古砖录》	褚峻	千峰	生卒年不详	陕西部阳	见凌霞《千甓亭古砖图录·序》
《泽古堂古砖录》	陈璚	寄礀	生卒年不详	上海	见凌霞《千甓亭古砖图录·序》
《汉晋砖文册》	丁达夫	—	生卒年不详	浙江吴兴	见翁方纲《复初斋文集》
《三吴古砖录》	张燕昌	文鱼	1738—1814	浙江海盐	见凌霞《千甓亭古砖图录·序》
《汉晋砖文考略》	丁丙模	晓楼	1747—1842	浙江归安	见凌霞《千甓亭古砖图录·序》
《古砖所见录》	徐熊飞	雪庐	1762—1835	浙江武康	见凌霞《千甓亭古砖图录·序》
《古砖品》	纪大复	子初	1762—1831	上海	见凌霞《千甓亭古砖图录·序》
《严氏古砖存》	严福基	眉岑	生卒年不详	江苏长洲	见凌霞《千甓亭古砖图录·序》
《三吴古砖续录》	张开福	质民	1763—?	浙江海盐	见张廷济《严氏古砖存·序》
《古甓记》	张鉴	秋水	1768—1850	浙江乌程	—
《杭嘉湖道古砖目》	周中孚	郑堂	1768—1831	浙江乌程	见凌霞《千甓亭古砖图录·序》
《清仪阁所藏古器物文》	张廷济	叔未	1768—1848	浙江嘉兴	砖见卷五
《古砖文册》	马芙峰	—	生卒年不详	浙江乌程	见张廷济《桂馨堂集》
《宝鼎精舍古砖录》	王黻	二樵	生卒年不详	浙江乌程	见凌霞《千甓亭古砖图录·序》
《百陶楼甓文集录》	钮重熙	苇村	生卒年不详	浙江乌程	见凌霞《千甓亭古砖图录·序》
《浙江砖录》	冯登府	柳东	1783—1841	浙江嘉兴	见凌霞《千甓亭古砖图录·序》
《浙江砖录》	僧达受	六舟	1791—1858	浙江海宁	见凌霞《千甓亭古砖图录·序》

著作	姓名	字号	时间	籍贯	备注
《求古精舍金石图》	陈 经	抱之	1792—?	浙江乌程	卷四，见张廷济《题潘竹儒八砖卷》
吴廷康《吴康甫慕陶轩古砖图录》	吴廷康	康甫	1799—1880后	安徽桐城	—
《吴廷康橅砖文》	吴廷康	康甫	1799—1880后	安徽桐城	见张廷济《严氏古砖存·序》
《运甓录》	陈春晖	—	1800—1875	浙江台州	
《百砖考》	吕佺孙	尧仙	1806—1857	江苏阳湖	见凌霞《千甓亭古砖图录·序》
《八琼室䃺砖砚录》	陆增祥	星农	1816—1882	江苏太仓	见凌霞《千甓亭古砖图录·序》
《八琼室古砖录》	陆增祥	星农	1816—1882	江苏太仓	见凌霞《千甓亭古砖图录·序》
《千甓亭古砖录续录》	陆心源	存斋	1834—1894	浙江归安	—
《千甓亭古砖图释》	陆心源	存斋	1834—1894	浙江归安	—
《愙斋砖瓦录》	吴大澂	愙斋	1835—1902	江苏吴县	
《魏邺宫残砖拓本跋》	孙诒让	籀庼	1848—1908	浙江瑞安	
《温州古甓记》	孙诒让	籀庼	1848—1908	浙江瑞安	
《汉魏六朝砖文》	王树枏	晋卿	1851—1936	河北新城	
《上陶室砖瓦文攈》	高鸿裁	翰生	1852—1918	山东潍县	
《永安砖研唱和集》	徐福谦	漱珊	生卒年不详	浙江桐乡	
《匋斋藏砖记》	端 方	陶斋	1861—1911	满族	
《广州城残砖录》	汪兆镛	憬吾	1861—1939	广东番禺	
《留斋藏砖》	张 琴	峰桐	1864—1938	浙江鄞县	
《砖门名家三集》	邹 安	适庐	1864—1940	浙江杭县	
《铜井文房砖录》	莫 棠	楚孙	1865—1929	贵州独山	
《雪堂砖录四种》	罗振玉	雪堂	1866—1940	浙江上虞	楚州城砖录、地券徵存、砖志徵存、恒农砖录
《高昌砖录》	罗振玉	雪堂	1866—1940	浙江上虞	楚州城砖录、地券徵存、砖志徵存、恒农砖录
《遁庵古砖存》	吴 隐	石潜	1867—1922	浙江山阴	—

著作	姓名	字号	时间	籍贯	备注
《广州城砖考释》	温廷敬	止斋	1869—1954	广东大埔	—
《古砖文录》	陈宗彝	雪峰	生卒年不详	江苏江宁	见凌霞《千甓亭古砖图录·序》
《九峰旧庐砖研拓本》	王体仁	绶册	1873—1938	浙江余杭	—
《江西蔚廷图书馆藏瓦当砖砚造象文字拓目》	蔡敬襄	蔚挺	1877—1952	江西新建	—
《南越残甓十二品》	蔡守	哲夫	1879—1941	广东番禺	—
《俟堂砖文杂集》	周树人	鲁迅	1881—1936	浙江山阴	—
《邢楼砖刻纪念册》	王承田	砚农	1885—1955	浙江长兴	—
《鄞城古甓录》	冯贞群	孟颛	1886—1962	浙江慈溪	—
《杭州高氏乐只室所藏古砖之文》	高时敷	络园	1886—1976	浙江杭州	—
《高昌砖集》	黄文弼	仲良	1893—1966	湖北汉川	—
《潍县高氏上陶室砖瓦考释》	丁锡田	稼民	1893—1941	山东潍县	—
《汉亭长砖》	溥儒	心畬	1896—1963	满族	—
《汉安甋瓺砖录》	王修	季欢	1898—1936	浙江长兴	—
《古砖待考录》	谭建丞	澂园	1898—1995	浙江吴兴	—
《汉魏六朝之墓砖》	傅抱石	庆远	1904—1965	江西南昌	—
《汉代圹砖集录》	王振铎	天木	1911—1992	河北保定	—
《孙氏青芙蓉邻藏砖藏瓦》	孙三锡	桂山	生卒年不详	浙江平湖	—
《瓺瓿录》	宋经畬	心芝	生卒年不详	浙江临海	见凌霞《千甓亭古砖图录·序》
《古砖录》	张霞房	—	生卒年不详	江苏长洲	—
《剡中古砖录》	杜春山	—	生卒年不详	浙江山阴	—
《汉朱书圹砖小记》	许敬彦	—	生卒年不详	—	—

四、结语

陆增祥（1816—1882），字魁仲，号星农、莘农，江苏太仓人。陆氏于道光三十年（1850）中状元，授翰林院修

撰。后长期在湖南任职，长达十余年。俞樾在《陆星农观察
䤵砖砚斋砚谱序》中说：

余同年生陆君星农，以庚戌第一人出为监司，宦游湖南
十许年，生平酷嗜古砖，先后得砖数百，考定文字，辨别形
模，其可为砚材者，礲之琢之，背䯑就攻，成大小砚百余枚
以成数，命所居曰"百砖砚斋"。岁在丁丑季秋之月，其长
君馨吾过余吴下寓庐春在草堂，以君之命，赠余宋泰始砖及
石羊残砖砚各一，并以一巨册见示，则百砖砚脱本之副也。
每一砚皆摹其形，释其文，附有考证，往往足以证明经史疑
义，盖古物之可贵如此，而君考古之功亦甚深矣。[1]

陆增祥以所得湖南、湖州出土古砖数百枚，制成砖砚
二百枚，并集拓成《八琼室䤵砖研录》《古砖录》各一册，
附以释文、考证，证经明史，显示出其深厚的学问功底。陆
氏显然深得乾嘉以来的古砖鉴藏和艺术实践之旨，学问之
外，游于艺。"丁丑"，即光绪三年（1877），时陆增祥已
病归故里，专心从事著述。

黄辉先生将《八琼室古砖录》《八琼室䤵砖砚录》稿本
整理点校，成《陆增祥砖砚录二种》付梓出版，将深藏琳琅
的善本，化一为百千，嘉惠学林，功德无量。

（作者系湖州安吉地方志编研室副研究馆员，

安吉吴昌硕研究会执行会长）

[1] [清]俞樾：《春
在堂全集》第四
册，第78—79页。

陆增祥的《二百砖砚录》与《八琼室金石补正》

陆增祥的《二百砖砚录》与
《八琼室金石补正》

黄辉

一、陆增祥与《八琼室金石补正》

陆增祥（1816—1882），江苏太仓人，字魁仲，号星农、莘农。清道光三十年（1850）一甲一名进士，曾官至湖南辰沅永靖道，为官之余，亦潜心治学，尤究于金石考据一学，陆氏积毕生精力，终有所成，著有《八琼室金石补正》一百三十卷。陆增祥的《八琼室金石补正》内容丰富翔实，为金石学再开新风，为中国传统金石学的又一巨著。

陆增祥能纂辑此类金石巨著，除了陆氏自身的兴趣之外，还与陆增祥致力于保护古代遗产的责任心密切相关。首先，陆增祥的金石爱好与他的家世背景密不可分，陆增祥少时便从其父那学写篆籀，通习六书之学。其次，陆增祥的母亲系出于嘉定钱氏书香名门，陆增祥年少之时，常随母亲去嘉定，故多受钱氏一门之熏陶，由于钱氏一门重视经学及文字之学，即便是王昶编撰的《金石萃编》一书，也是请钱大昭（钱大昕之弟）之子钱侗帮忙。陆增祥曾受钱东垣、钱绎兄弟二人熏陶，而钱侗、钱东垣、钱绎又俱为钱大昭之子。

陆增祥在《八琼室金石札记》卷三"周丰宫瓦当"中，就讲到了随母亲去嘉定之事：

周丰宫瓦当，外大父亦轩先生所藏。阮文达考证极详，王司寇纂入《金石萃编》。忆卯角时随侍我母至嫪，每一摩挲，不忍释手，忽忽几四十年矣。先慈见背已十九载，钱氏自兵燹后，凋零殆甚，是瓦亦付劫灰。回首前尘，何可再得。己巳十月，从故箧中检获是纸，亟付装池，并书数语以志怆怀。[1]

文中所言的"嫪地"，即为今上海市嘉定区。

上文中提到的王司寇即为王昶，王昶的《金石萃编》在金石著录体制上别开生面，近人朱剑心在《金石学》一书中评价王昶的《金石萃编》，此书兼具存目、录文、摹写、跋尾之长。王昶在自序中讲道：

古金石之书，具目录，疏年月，加考证焉尔。录全文者，惟洪氏《隶释》《隶续》为然，而明都氏穆，近时吴氏玉搢等继之。然洪氏隶书之外，篆与行楷，屏而不载，都氏止六十八通，吴氏止一百二十余通，爱博者颇以为憾焉。[2]

王昶在著录体例上的创新，正是看到了此前金石著作中的种种弊端，王昶在前人基础上收录了更多的石刻碑志，并摹写原文以楷定释之、集录诸家题跋与己见附于其后。其自序云：

海内博学多闻之彦，相与摩挲参订者不下二十余人，咸以为：欲论金石，取足于此，不烦他索也。[3]

《金石萃编》一书之成就，不仅止于汇编而已。此书据时代先后序列碑刻，并详记原器之形制、尺寸与所在地，录写原文，并列举诸家考释，方法已较一般金石碑目之书进步许多，因能继欧、赵、洪三家，而有集大成之美誉，并影响

[1][清]陆增祥：《八琼室金石补正》，文物出版社，1985年版。

[2][清]王昶：《金石萃编》（序言），中国书店，1985年版。

[3][清]王昶：《金石萃编》，中国书店，1985年版。

清代中叶之下的金石学风气[1]。

陆增祥《八琼室金石补正》一百三十卷，因卷帙浩繁，未能刊刻，直到1925年才由吴兴刘氏希古楼刊刻出版，吴兴刘承干在序言中讲道：

> 窃见先生之所以补正王氏者，厥有数端，是书踵萃编而作。凡王编所载，不复列，唯以今墨本校之。其文字有完缺隐现，则援经典释文例，拈句摘字，而详注之。此足补正王氏者一也。王编所载，凡千五百余通。既多漏采，书成后出土者亦夥。是书就所获拓本，或借之僚友者，王编所遗，一一录入。此足补正王氏者又一也。王编自唐以下，悉用正书写定。是书断自两晋，间有古文篆籀，仍摹其体庶读者知原刻之文。此足补正王氏者又一也。溪山岩洞诸题刻，王编或类列，或分次，初未画一是书本年代先后，悉以类从。此足补正王氏者又一也。王编于诸家题跋，偶有未载者，是书校正所及，因亦采入其标题。时代虽无举正，亦行登载，如《刘梁残碑》之类。此足补正王氏者又一也。三代彝器，王编所载无多，是书亦不录，而别为札记。又王编镜铭始于唐砖文仅见于金。是书择有建元年月者载之，余亦详札记。此足补正王氏者又一也。碑估妄托，与好事者作伪。又附《成祛伪》一卷。此足补正王氏者又一也。凡是数端，皆先生心力所专注。以贶来学。[2]

刘承干在序言中列举了陆增祥《八琼室金石补正》优于王昶《金石萃编》的七大处，王昶的《金石萃编》一出，本身就是金石学林中的一座高峰，在王昶《金石萃编》的基础

[1] 赵超：《中国古代石刻概论》，文物出版社，1997年版，第131页。

[2] [清] 陆增祥：《八琼室金石补正》，文物出版社，1985年版。

上再次出新。可想，陆增祥要付出怎样的努力。陆氏较之王氏碑刻所录原文，更加翔实，对碑刻中的古文篆籀字，依据字形一一录出。陆氏一书虽着重于石，亦不忽视金，是其一大特色。陆氏对湖南境内碑刻的收集整理也是其一大特色。而最显陆氏治学的地方，当属陆氏对碑刻造假者的去伪存真，凡此种种，使得陆氏金石之学又为一座大山也。

二、陆增祥撰有《二百砖砚录》

2010年12月，江苏省太仓市城厢镇新毛万丰村农田中出土了清代陆增祥墓志铭一块，原石现藏于太仓博物馆。墓志铭由汪学瀚篆盖，俞樾撰文，族叔陆懋宗书丹，碑刻名手钱邦镗镌石。

墓志部分摘文如下：

居官固不废学，至是益事撰述，成《金石补正》百三十卷、《札记》四卷、《元金石偶存》一卷、《砖录》一卷、《吴氏筠清馆金石记目》六卷、《篆墨述诂》二十四卷、《楚辞疑异释证》八卷、《红鳞鱼室诗存》二卷。晚年作《古今字表》，谓与《篆墨述诂》相表里，未卒业而君卒矣！

而俞樾在文集中又记道：

踵王氏《金石萃编》之例成《金石补正》百三余卷，又以所得古砖治为砚，各系以考证为一书曰《三百砖砚谱》，此外又有《篆墨述诂》二十四卷、《楚辞疑义释证》八卷、《吴氏筠清馆金石记目》六卷、其晚年作《古今字表》，谓与《篆墨述诂》相表里。[1]

[1][清]陆增祥：《八琼室金石补正》，文物出版社，1985年版。

墓志自古有盖棺论定之说，学界关于陆氏的砖砚谱之数量问题也一直存有争议。事实上，陆增祥与俞樾较为熟悉，陆氏曾赠砖于俞氏，俞氏在《陆星农观察䆒砖砚斋谱序》中记载："岁在丁丑季秋之月，其长君馨吴过余吴下寓庐春在草堂，以君之命，赠余宋泰始砖及石羊残砖砚各一。"[1]那么，俞氏对陆氏所藏砖的数量及陆氏编辑砖谱之意图定为知晓，而俞樾为陆氏撰写墓志一事，当为陆氏生前所托之事。

上海市图书馆古籍部藏有陆增祥《八琼室䆒砖砚录》一册、《古砖录》一册的稿本，书中陆氏对自己所藏古砖记载颇详，此稿本曾被太仓人狄辰购得，由于陆氏的稿本批点、增改较多，多有不识之处。故狄辰在陆氏稿本的基础上，又重新眷录一遍，又对其文中所言古砖进行补目，狄辰在眷录后又附序言一篇，对坊间所传的陆氏"三百砖砚谱"之数量问题进行了指正，由于狄辰也痴迷于古砖的收藏，曾数年亲自搜访陆氏遗留之砖，故狄辰所言据可为信。

狄辰在自作题记中讲道：

按《太仓州志艺文目》著录是书名三百砖研录，而不及古砖录，以余经眼各家所藏八琼室砖研文字及所镌记与此录无不吻合，疑州志有舛，伪也。其砖研之在二百号以外者，虽亦有所见，然制作恶劣，与前者迥异。盖陆氏旧藏本在千䌽以上。日寇入城之初，一旦尽为匪伪所掠，有某某等得不中砚材之砖琢字第于二百以下，籍符州《志艺文目》三百研之数，其作伪非不巧，然识者自能辨之。[2]

综上所述，陆氏撰有《二百砖砚录》，而陆增祥实际上

[1] [清]俞樾：《陆星农观察䆒砖砚斋谱序》，见朱明歧主编：《古砖荟（2）》，文物出版社，2015年版，第84页。

[2] 上海图书馆藏陆增祥《八琼室䆒砖砚录》一册、《古书录》一册抄本。

所藏砖数当在千方之上，世间所传"三百砖砚谱"之说，当属不实。

三、陆增祥与湖南浯溪碑林

南京博物院藏有于学琴[1]致陆增祥的信札五页，信札完整者为一通，信中记载了于学琴受陆增祥的嘱托，对湖南永州祁阳境内的浯溪碑林石刻搜访一事。书信内容如下：

查录呈览：

（卑职）曩日遍加搜讨，得乾隆间成都宋溶知县事所辑《浯溪志》一书，梓而未行，板即入川。似此曲，实有六首，钞存俟考，以备他日补其阙遗。后为海宪取去，迄未寄还。究系若干首，现已记忆不清。黄文节所书却止一首，志亦未载。即在中兴碑摩崖壁下，沙土壅塞，上建护碑亭，故世无知者。至韦词记元友让诗，康熙中尚与皇甫湜诗同见于颜碑之左，字画完好，皆系后人重镌，并非当日原刻（考皇甫湜诗，宋时即已损缺），近亦磨灭殆尽。海宪搜得谷朗碑额，未之前闻。（卑职）亦未得。有拓本澹山岩类，皆宋人题名，鲜有过而问焉者，时艰蒿目，诚如宪谕，原非所宜，必得邑中风雅之士，有力而兼同志加意搜罗。或可使名迹常新，流传于世，当亦前贤所心许。惜乎难得其人也。江南榜信，指日可到。宪台必先得喜音，如有题名录，合无仰乞宪恩赐寄一份。则感戴鸿慈，实无既极，肃泐寸禀，恭展谢忱，敬请勋安，伏惟垂鉴。卑职学琴谨禀。

于学琴的回信涉及六个方面的信息：于学琴寻到了乾隆

间宋溶辑录的《浯溪志》一书；于学琴告知陆增祥浯溪碑林黄文节所书诗碑，《浯溪志》并未记载；韦词记元友让诗，系后人重镌，非当时原刻；《皇甫湜碑》宋时即已损缺，现在已近磨灭殆尽；于学琴对陆增祥交办的搜访浯溪碑林诗碑一事，心有余而力不足，主要是因为于学琴没有得力的助手；浯溪碑林上的宋人题名，还需要进一步搜查考证。

在另一封残存的信札中，于学琴得到了陆增祥赠予他的《唐元宗南岳投龙告文》拓本，于学琴收到拓本后，甚为珍爱，并着即进行了装裱。在这封信札中，于学琴向陆增祥汇报了浯溪碑林现存碑目的情况，信札中记道："浯溪唐宋石刻虽多，邑乘非不详载，惟志书内有钱开少《搜访浯溪古迹记》，记中极言搜访之难，历数所存，各刻已不过十之二三。是以，（卑职）前次禀内，谓为仅止数种也。志载次山矣，乃曲五首……"

陆增祥在同治戊辰（1868）八月所作的《金石续编》跋中谈到了浯溪碑林搜访的情况：

一旷四载矣。点检墨本，所获无多。罗致惟艰，考核良苦，属司校录，一并附书，再读兹编，益深景仰……浯溪铭，庵颓铭，浯溪李谅韦瓘题记，宬尊铭，张锐志，明觉寺尼心印记。李氏殇女墓石。始得《西山宴游记》《袁家渴记》《石渠记》。此三种疑宋人所刻。"[1]

陆增祥赠拓片给于学琴，首先是对交办给于学琴搜访碑刻的差事甚为满意。另一方面，是对这位金石挚友的答谢。综合于学琴答复陆增祥的信札来看，浯溪碑林内的《皇甫湜

[1][清]陆增祥：《金石续编》跋，上海图书馆藏清光绪癸巳孟秋上海宝善石印本。

碑》是双方讨论的重点，皇甫湜（约777—约835）为唐代的著名诗人，尝从韩愈学古文，与李翱、张籍齐名，文章奇僻，流于险奥，所著《无题诗》，集中无诗，传世唯三首，见《全唐诗》。因而浯溪碑林内的诗碑就显得极为珍贵，诗碑在今浯溪碑林摩崖区73号，唐代《中兴碑》左下方。碑高、宽均45厘米，小楷，字大3厘米。内容如下：

次山有文章，可惋只在碑。然长于指叙，约洁多余态。心语适相应，出句多分外。于诸作者间，拔戟成一队。中行虽富剧，粹美君可盖；子昂《感遇》佳，未若君雅裁；退之全而神，上与千年对；李杜才海翻，高下非可概。文与一气间，为物莫与大；先王路不荒，岂不仰吾辈？石屏立衙衙，溪口啼素濑。我思何人知？徒倚如有赖。侍御史内供奉皇甫湜。唐元和五年岁次庚寅□月□日。

今存《皇甫湜碑》，据宋孙适《浯溪三绝堂记》中记道："（中兴）颂之左，皇甫湜诗，文漫灭不明，浚而新之。"可见宋代皇甫湜诗复刻过一次，故"二气"误为"一气"。（清）钱邦芑在《搜访浯溪古迹记》中记道："皇甫湜五言古诗一，字画完好，当是后人重刻。"陆游在《皇甫先生文集》中云："右一诗，在浯溪中兴颂旁石间。《持正集》中无诗，诗见于世者此一篇耳，然自是杰作。近时有《容斋随笔》亦载此诗，乃云'风格殊无可采'。人之所见，恐不应如此；或是传写误尔。庆元六年（1200）五月十七日，龟堂书。"[1]

陆增祥在《八琼室金石补正》中对《皇甫湜碑》亦有持论，陆氏还是按照自己金石著录的习惯，先把各家的相关之

[1] [清]陆增祥：《八琼室金石补正》，文物出版社，1985年版。

说一一列出：

中行苏预　皇甫湜书□□□□新元□□

皇甫湜、李翱，虽为韩门弟子，而皆不能诗，浯溪石间有湜一诗，为元结而作，其辞云云。味此诗乃论唐人文章耳，风格殊无可采也。（《容斋随笔》）

皇甫湜《浯溪颂》云：次山有文章，可惋只在碑，亦善评文者。（《渔隐丛话》）

浯溪崖间有皇甫湜诗刻十二行，每行十一字。正书：洪容斋陆放翁俱有题跋。赵德甫《金石录》亦载其目，无年月，《容斋随笔》录其全篇。啼素濑作扬素濑。如有赖之赖，与《全唐诗》同。知《全唐诗》即以洪为蓝本也。石刻完好无缺。中行下有小注苏预二字。《金石萃编》偶遗之。又末行衔名下书字已漫漶。细审石刻，尚有小注数字，亦磨灭仅存新元可辨。《浯溪新志》，君可盖作见冠盖，一气间作两气间，皆非是。（《古泉山馆金石文编》）

此书尚见唐人风格，可定为真迹。（《金石审》）

陆氏认为王昶的《金石萃编》脱苏预新元四小字，据补之。《金石录目》第一千七百八十六《唐衡岳寺大德瑗公碑》，皇甫湜撰，大和三年正月，然则此诗之刻，当亦在是时也。《金石萃编》附元和末，非此刻，闻于康熙间与米南宫诗俱经修刻，而较诸米诗为佳，尚不全失真面目。《县志》载此诗，多余态，多作有。此诗经后人模刻，未知孰是，余同溪志。[1]

湖南一地的金石碑刻著录，为陆氏《八琼室金石补正》

[1][清]陆增祥：《八琼室金石补正》，文物出版社，1985年版。

一书增色不少，也是此书媲美于其他金石类著作的一大特点，除了陆氏在此为官的经历外，更主要的是陆氏在湖南拥有更多的政治关系人脉，更有助于他对湖南一地碑刻的搜寻，文中提到的于学琴，就是陆氏的下属。在古代交通不发达的情况下，这种广交的人脉关系是收集散落在各地碑刻的一种重要手段。柯昌泗在《语石·语石异同评》中，也注意到了陆氏对湖南一地碑刻著录甚详，对陆氏的这种便利条件更为洞晓。柯昌泗指出：

> 宋人题名，最先著录，莫先于湖南一省。《萃编》所录，已极详悉。后贤踵访，益见美富。北宋迁谪名流，大半途出湖南。南宋倔藩长沙，暨列郡守倅，颇多风雅好事。登览留题，情事与东都诸刻不尽同，各见风趣。兹以题名之仅见于湖南者数之：贾黄中（朝阳岩）、李建中（澹山岩）、朱昂（朝阳岩）、杨杰（澹山岩）、王汾（九龙岩）、刘挚（石鼓山）、陶弼（九龙岩）、陆诜（澹山岩）、孙览（朝阳岩）、韩川（澹山岩）、邹浩（浯溪）、王佐（澹山岩）、王淮（柳岩）、赵彦橚（浯溪）、赵汝谠（浯溪）、史弥宁（桂庄）、徐经孙（秀岩），皆史传有名之士。奸邪若丁谓（华严岩）、邢恕（朝阳岩诸处），惟湘中有其题刻。[1]

四、陆增祥的金石治学方法

陆增祥的金石学成就显然与他的金石治学方法相关联，金石治学方法在一定程度也决定了金石著作水平的高低。陆

[1] 叶昌炽撰，柯昌泗评：《语石·语石异同评》，中华书局，1994年版。

氏注重对新材料的收集，以碑刻拓本作为补录的依据，不敢据前人金石著作及友人录寄之文贸然去做取舍。陆氏与金石圈内友人的互通消息也对他的金石收集与研究裨益较多，陆增祥曾与仪征汪鋆互通金石消息，共同研究金石，《八琼室金石札记》中录有《复汪砚山书》云：

承惠石墨书册，感谢无量。阳嘉残碑去年九月得之，憾未审其所出。读阁下题语，知在曲阜。谈金石，贵相质证，信然信然。

九真太守谷朗碑，仿佛曾以持赠，录内未载，余贻误记，奉寄一本，以备续补。蒙询拙著成否？极承注意。仆腹俭寡书，下笔辄误，考释时时涂乙，何敢遽出问世。卷帙较多，剞劂亦匪易易，大约二三年后，归隐里居，杜门屏迹，乃克专心精力从事于斯。辑集二千余通，而于《过眼录》二百种之未寓目者几盈四十，纵无庸贪多炫博，亦当广事搜求，得尺得寸，维日孳孳，至老不倦，庶足步司寇后尘焉。[1]

此外，在陆氏纂辑《八琼室金石补正》之前，先辈瞿木夫（中溶）、吴荷屋（荣光）、吴子苾（式芬）、陆绍闻（耀遹）等人已经对存世的金石碑刻做了很多先期的整理与研究工作。

（一）纂辑《八琼室金石补正》的缘由

陆增祥在《十二砚斋金石过眼录》序云："嘉、道以来，瞿木夫、吴荷屋、吴子苾、陆绍闻诸先生皆以金石之学著名，其书皆专补《萃编》之不足，而书未刊行。陆氏刊

[1] [清] 汪鋆：《十二砚斋金石过眼录》，陆增祥序跋部分，清光绪元年（1875）三月十日太仓陆增祥识于长沙硒砚斋。同治壬申三月初刻本。

之，而其书又为未竟之书。近有魏稼生齮尹，搜罗极富，《萃编》外不下二三千通。余亦有志于此，方辑《八琼室金石补正》，所获亦几相埒。"[1]

陆氏纂辑《八琼室金石补正》的目的，主要是增补《金石萃编》之缺失。事实上，金石文献日出不穷，非《金石萃编》所能尽搜；再则此书实出自幕客朱文藻、钱侗之手而由王昶总为校订，故冗杂炫博、漏略舛误之处，在所难免。吴荣光在《筠清馆金石录》自序中提出了对王昶《金石萃编》的看法：

王述庵昶司寇《金石萃编》亦久，已家有其书，《萃编》内石多全少，并有石之阴侧，未全或剥蚀，阙字据古本可补，及现在搜罗所及，凡金石文得共□千□百□十□目，分为二类，曰款识，曰碑碣。其碑碣与述庵悉同者仍存其目，统共□千□百□十□种，名之曰《筠清馆金石录》。[2]

陆增祥提出了金石著录以传的重要性，陆增祥指出：

古人事迹，史不悉载，赖金石以传之。金有时毁，石有时泐，赖墨本以传之，墨本聚散何常，存亡何定，赖著录以传之。著录之家，本朝极盛，荟萃成书，奚啻百数，有限以时代者，有限以一省者，有限以一省并限以时代者，有限以一郡者，有限以一邑者，有限以域外者，有限以名山者，有限以一人者，有限以一碑者，有别以体者，有叙以表者，有绘以图者。[3]

这也是陆增祥纂辑《八琼室金石补正》的重要原因。

[1][清]陆增祥：《八琼室金石札记》，《石刻石料新编·第1辑》第8册，台北新文丰出版公司，1997年版，第6142页。

[2][清]吴荣光：《筠清馆金石录》自序，上海图书馆藏吴氏《筠清馆金石录》初刻本。

[3][清]陆增祥：《金石续编》跋，陆增祥此跋作于清同治戊辰十月。

（二）纠正前人金石著作中的缺点

陆增祥在纂辑《八琼室金石补正》的过程中，以客观、理性的态度来审视前人金石著作中的缺失，比如，陆增祥在《十二砚斋金石过眼录》序中谈到吴式芬的《攈古录》，"有目无文"[1]，吴式芬在《金石汇目分编》自序中云：

窃见记录金石之书，自郦元、欧、赵，代不乏人。而国朝著作尤为繁富。其间荟萃诸家总为目录者，惟孙伯渊《寰宇录》一书，最为大备。惜乎条目重复，厘剔未能净尽，时地不免舛讹。且编年为体，欲求一地之碑，检寻不易，而其间石刻遗漏复多。暇日因取其书，分地为编，删其重复，正其舛误，凡有新获，辄为增益，视原书十溢七八。[2]

可见，吴式芬在整理《金石汇目分编》时，还是着眼于对新发现碑刻的录入，在原书的基础上进行增录补进，吴式芬更多看重的是碑刻的数量。

陆增祥重视前人金石学者研究的成果，并对各家著录的优缺点有着自己的认识，陆增祥指出：

是故王氏《萃编》一书实为宇宙之巨观，古今之结构。故其自序云，欲论金石，取足于此，不烦他索焉，而后之踵而起者，冀以弥缝其阙，则有如吴氏之《筠清馆金石记》、瞿氏之《古泉山馆金石文编》，以及先生之是书也。吴氏搜罗最富，《萃编》外多至二千六百余通，后人不能守其书，道州何氏得之矣。瞿氏考核最精，跋语多者至千数百余言。原书已付劫灰，传钞之本曩一见于潘氏，近闻不知所在矣。[3]

[1][清]陆增祥：《筠清馆金石记目序》称此书有目无文。

[2][清]吴式芬：《金石汇目分编》，《石刻史料新编·第1辑》第27册，台北新文丰出版公司，1997年版。

[3][清]王昶：《金石萃编》，陆增祥跋，上海图书馆藏清光绪癸巳孟秋上海宝善石印本。

陆氏在纂辑《八琼室金石补正》一书期间，并非闭户著述，不问世事。事实上，陆氏对时人著录的金石著作时刻关注，并对时下金石研究中出现的失误和弊端，提出了自己的看法。汪鋆辑有《金石过眼录序例》《秦汉以逮六朝碑目》请陆氏为他作一序言，在这篇序言中，陆增祥对同时代金石研究中出现的弊病，对研究中金石碑刻出现的喜新厌旧的情况提出了自己的看法：

> 余惟今之言金石者，大都矜尚纸墨，争事新奇而已。夫旧拓诚贵也，异品诚罕也，而于断损不完、曼患难辨之文字，读不终篇，辄即弃置。又或以文法之不尽高古，书势之不尽超妙，屏而弗取。则凡古人之事迹以及姓氏爵里名物足以考证经史小学者，习焉弗察。而古人所未传者，终不获一广其传，如保残守阙之谓何。[1]

陆氏对前人金石著作中所录碑刻文字一一校对，对已缺损的文字，则依据较早的碑刻拓本或相关文献进行仔细勘误，因而书中亦多见订正昔日失误之处，如卷八十《南汉宴石山记》跋云：

> 致此石岚，《全唐文》此作去；《筠清馆金石记》石作名，皆误。余前校《续编》反以此为误字。不见石墨，以意测之，其失如此。志之以惩吾过。[2]

（三）目验拓本

陆增祥纂辑《八琼室金石补正》时，凡例便以目验墨本为要务：

[1][清]汪鋆：《十二砚斋金石过眼录》，清同治壬申三月初刻本。

[2][清]陆增祥：《八琼室金石补正》，《石刻史料新编·第1辑》，台北新文丰出版公司，1997年版。

第就所获拓本较其已录之文、补其未录诸刻。闲于他处借录，亦必目验拓本，不敢据金石家书及友人录寄之文，率录炫博。[1]

何绍基就曾讲到，拓本与石刻俱存，考之更为精详：

昔于京师厂肆得隋太仆卿元公及夫人姬氏两志铭，不知石所在也。今读绍闻先生《金石续编》始知石在咸宁，于嘉庆初年出土。先生先得拓本后并得其石，载归武进。故编中于此铭考订特为翔实，嗜古之癖可想。[2]

陆氏的妻弟徐荫溥（字星甫），嘉定的钱子裴、瞿树镐（瞿中溶之少子）等人均向陆氏提供或寄赠过拓本。除了亲朋、师友、同僚、金石同道间的互通之外，陆氏还自己进行购买，陆增祥在后晋《麻浩造象碑铭》中跋云：

同治乙卯，得此本于京都厂肆。录而跋之，以为唐代之物。兹复检校拓本，覆加校勘谛审。酉上一字虽不明显，却似丁不似辛；碑末长兴、应顺两题，字迹与前无二，乃立碑时追叙之词，非后来所续题。《访碑录》载此亦系晋，宜从其旧。而仍录前跋，以俟博雅考定，亦疑以传疑之意。[3]

其他得于京都厂肆者，尚有《汉元延尺文》《转婴柞舍瓦》，隋《张文亮等修塔造像记》，唐《圣寿寺石壁题字》、王容等题名等数种。

五、陆增祥的金石学精神

陆增祥纂辑《八琼室金石补正》，不仅仅是出于他自己的喜好，更多的是出于保存古代金石遗产的历史责任感和使

[1][清]陆增祥：《八琼室金石补正》，《石刻史料新编·第1辑》，台北新文丰出版公司，1997年版。

[2][清]何绍基：《金石续编》跋，清同治戊辰初秋，道州何绍基题。上海图书馆藏陆耀遹《金石续编》。

[3][清]陆增祥：《八琼室金石补正》，《石刻史料新编·第1辑》，台北新文丰出版公司，1997年版。

命感，这是我国传统金石学发展的维系所在，后世对陆增祥《八琼室金石补正》的肯定也是基于此。

冯煦在《八琼室金石补正》序言中称：

时辇下讲金石者，潘文勤师为之魁。李芍农、盛伯熙、王廉生、缪小珊诸前辈，复羽翼之。[1]

张钰在《八琼室金石补正》序言中称：

太仓陆星农先生，少通汉唐义疏之学，为寿阳祁文端公所激赏，著有《楚词疑义释证》《篆墨通诂》诸书。以金石文字，有裨经史也，辑《筠清馆金石记目》《三百砖砚谱》，而其毕生致力，手定清稿，则为《八琼室金石补正》一书。其书就《萃编》原书，补入后出各刻，计二千余种。原书疏误，则据旧本及精本订正，体例差同，采校益慎，为卷者凡一百三十。[2]

吴兴刘承干对陆增祥的《八琼室金石补正》极为赞誉：

本朝……以金石著录者凡数十家，而以青浦王兰泉少司寇所著《萃编》集其成。甄采之富，考索之精，几几驾欧阳、洪、赵而上之。太仓陆星农先生，雅才硕学，于书无不窥，而尤嗜金石，以所居与王氏为近，于《萃编》致力数十年。宦辙所至，搜集宏多，有溢出王氏之外者。补阙苴芜，刊讹匡陋，成《补正》一书，凡百三十卷，海内金石家莫不奉若瑰宝。[3]

搜访古代碑刻过程中的艰辛，是每一个金石学者都绕不过去的话题。吴荣光在《筠清馆金石录》自序中就道出了自己搜访金石碑刻的心得：

[1] [清]陆增祥：《八琼室金石补正》，文物出版社，1985年版。

[2] [清]陆增祥：《八琼室金石补正》，文物出版社，1985年版。

[3] [清]陆增祥：《八琼室金石补正》，刘承干序，民国十三年（1924）刘承干嘉业堂刊本。

余少好金石文字，年廿六，宦游京师，于藏家及书肆所有手抄而邮，索得若干卷，宦迹所至，于陕、于闽、于浙、于黔楚，又得若干卷。道光丙申再入都，以京卿需次，时阮仪征相国师《积古斋金文》已得全，分拓本碑碣文则聚数十箱，带回粤东。忆在楚南时，石文曾延陈户部传均，黄学博本骥抄出，一日廖工部蛀来请曰：'子之金文，龚定盦礼部巩祚欲任校订。'余固知定盦研精籀篆，与家子芯编修搜访若干，悉以付之。余再出为闽藩，则以此事属陈礼部庆镛敦促成书，书存陈处，及余解组，已先得其十之八九，余亦邮索寄还。及余归里，适子芯守南安，途次尽出所有以补余之不足，而金文亦庶几备矣。[1]

吴荣光道出了自己的心得，不仅要手勤、足勤，还要借助他人的帮助。吴荣光讲：

四十余年之积聚，千百万里之所历，良朋德友之所遗，不可失也。[2]

除此之外，吴荣光作为一位金石学者同样也有着牺牲自我的金石精神：

竭资力则伤财，穷毡蜡则罢民，运舟车则招谤，而卒以保古人千百年之精神命脉于不敝，至老而不悔也，不亦重可咍乎？甫发刻而叙其首如此。[3]

陆增祥也谈到自己搜访金石碑刻的艰辛，陆增祥讲道：

咸丰乙卯丙辰间在京师，搜集金石文字，凡《萃编》所未载者，辄以一得自喜。嗣闻海内，有《续编》一书，卒未审为谁氏所辑，憾不得一见，以证所蓄也。今得见之，而读

[1][清]吴荣光：《筠清馆金石录》自序，上海图书馆藏吴氏《筠清馆金石录》初刻本。

[2][清]吴荣光：《筠清馆金石录》自序，上海图书馆藏吴氏《筠清馆金石录》初刻本。

[3][清]吴荣光：《筠清馆金石录》自序，上海图书馆藏吴氏《筠清馆金石录》初刻本。

之幸矣。又憾其书之未竟厥功并憾向所得之石墨尚存京师，不获取以参互考订也。顾犹能约略言之，先生所录而余未及得者固多，余所得而先生未及录者亦自不乏。[1]

陆增祥道出了自己收藏的感慨：

兵燹十余年，蹂躏十余省，藏庋之家大都散佚，抱残守阙视昔倍难，同志寥寥，吾生恨晚见闻有限，四顾茫然，瞻企前修能无奋勉。[2]

并感慨搜访之难：

一旷四载矣。点检墨本，所获无多。罗致惟艰，考核良苦，属司校录，一并附书，再读兹编，益深景仰。[3]

陆增祥对新增和新发现的金石碑刻不厌其烦地列出碑目，显然不是为了炫耀于众，更多地体现了他为金石搜访所付出的心血，以及搜访到后的喜悦心情：

秦则有铜权铭也，汉则有海盐砖文、石墙村石刻、三公山神碑并阴三公山碑并侧，白石神君碑阴，樊敏高颐碑及重刊之冯绲碑也。冯焕、李业、杨宗阙及沈君左右高颐东西各两阙也。三国则有杨公阙，曹真残碑并阴也，晋则有贾夜宇阙韩寿碣也。魏则有郑道昭题字四种、刁遵志阴、刘懿吴高黎二志也。北齐则有李琮志也，隋则有信行塔铭，张通妻陶志，蜀王美人董氏志，宋永贵志也。唐则有高祖时之苏玉华志也，太宗时之灵琛塔铭，郭云铭、坛彻舍利塔记也。高宗时之萧胜志樊兴碑、清河太夫人碑、房仁裕碑、程氏塔铭、杜公墓志阴、栖霞寺碑、刘奉芝王留两志也，豫王时之八都坛神君实录也。伪周时之庆林观钟款、高凉灵泉记、长孙

[1][清]陆增祥：《金石续编》跋，清同治甲子（1864）八月增祥读并识，上海图书馆藏陆耀遹《金石续编》。

[2][清]陆增祥：《金石续编》跋，清同治甲子（1864）八月增祥读并识，上海图书馆藏陆耀遹《金石续编》。

[3][清]陆增祥：《金石续编》跋，清同治戊辰（1868）八月增祥再记，上海图书馆藏陆耀遹《金石续编》。

氏志、卢八娘碣也。中宗时之王才宾浮图颂、杨氏合葬残碑也，元宗时之姚懿碑、龙兴寺额、张轸志、神宝寺记、本愿寺铜钟铭并阴、子产祠残碑、张令忠浮图记、段常省塔铭、黄㧑妻刘氏暨韦琼刘智志也。肃宗时之开元寺石柱题刻巴州佛龛记、光福寺楠木歌鲜于氏离堆记残刻也。代宗时之李楷洛碑、赵州刺史何公碑也。德宗时之再葺山亭记、贾氏志张维岳碑也。宪宗时之高凉泉记也。文宗时之崔蕃张源二志也。武宗时之能禅师石窟铭、赵夫人张氏志也。宣宗时之岳林寺塔铭也。懿宗时之王夫人张氏志、修中岳庙记，宇文氏志、来佐本及常郭二氏志也。唐刻不悉记唐以降，自五代以迄辽金，约有数十通造象题记及经幢之类，则自萧梁王世成以迄宋之余祺，约有六百余刻，释氏经刻以云居山为最多，所得者十不及一，约二十余本，计二百四十余石。[1]

　　整理古代碑刻遗产，对于金石学者来讲，不单单出于他们对金石的喜好。随着对金石碑刻收集整理的不断深入，由此带来的困惑与艰辛也时时出现于金石学者身上，他们既有搜访时的无奈情绪，也有意外发现时的喜悦心情。每一部金石著作的出版，对于金石学界来讲都是一座山峰，而跨越山峰、超越山峰也成了后继金石学者所要面临的问题，而金石著作体例如何创新、如何补正前人金石文献中的缺失，也就成了后继金石学者所做金石工作必须面对的问题。陆氏的《八琼室金石补正》之所以在金石一类著作中占有极其重要的地位，显然与陆氏严谨的金石治学方法密切相关，陆氏对古代金石碑刻的去伪存真，又显示出他作为金石学者严谨的

[1] 陆增祥：《金石续编》跋，清同治甲子八月（1864）增祥读并识，上海图书馆藏陆耀遹《金石续编》。

一面。陆氏的《八琼室金石补正》不仅体现了陆氏扎实严谨的金石考据学风，更多地体现了陆氏敢于牺牲自我、甘于奉献的金石精神。

八琼室古砖录

八琼室古砖录

太仓陆增祥魁仲甫著

汉

元光砖

长一尺三寸有三，宽六寸二分，厚一寸九分。

文曰"元光三年列砖端"，上端列一人，侧纹似双龙，中间一珠铢，两平面列兽头八，中间圆花四。

永初残砖

长存四寸，宽四寸六分，厚一寸三分。

文曰"永初二年"，作列砖端。

永宁砖

长一尺有四分，宽四寸八分，厚一寸六分。

文曰"永宁元年李瑞作大冢"，反文列两侧，一不甚显，惟"元年李"三字尚可辨识，永宁字亦仅存数笔矣。

其二　长一尺一寸，宽五寸，厚一寸五分。

文曰"永宁元年□李□□"，一存"永宁元"三字，"宁元"二字较显，故并存之。

其三　长九寸五分，宽四寸八分，厚一寸五分。

文曰"永宁元年七月甲申翔蓝□"。

其四　长存六寸三分，宽存四寸，约厚一寸六分。

文存永宁元年七月十二八，字反文，下断。

其五　长存九寸八分，宽五寸，厚一寸九分。

文存"永宁元年七月十八日"，九字，下断。

其六　长存尺有五分，宽四寸九分，厚一寸七分。

文曰"永宁元年九月"，"月"字已断其半，下端似有文字，残损不可辨。

其七　长存五寸七分，宽五寸五分，厚一寸六分。

文存"永宁"二字，下已残损。

本初砖

长一尺一寸，宽四寸五分，厚一寸八分。

文曰"本初元岁在丙戌"，"本初"二字已缺右半，下端"造作则"三字，"造作迶"与嘉禾砖同释为可字者非。

其二　长存八寸强，宽四寸五分，厚一寸八分。

下半已断，文存"本初元年岁"五字。

其三　长存六寸强，宽四寸五分，厚一寸八分。

砖存下截"岁在丙戌"四字，下端"造作则"三字。

延熹砖

长存五寸五分，宽三寸三分，厚一寸四分。

文存"延熹二年八月"六字，"月"字已缺其半。

吴

黄龙砖

长一尺一寸五分，宽五寸六分，厚一寸七分。

文曰"黄龙二年"，上截作回囗纹。

其二　长存五寸，宽四寸六分，厚一寸六分。

文存"黄龙二年"四字，反文，上端作花胜，下断。

其三　长尺有三分，宽五寸，厚一寸五分。

文曰"万岁黄龙三年"，"万岁"二字篆文，居砖之半下端"吴家冢"三字。

嘉禾砖

长一尺一寸，宽五寸，厚一寸二分。

文曰"嘉禾七年七月造"，下端列"大吉祥"三字，造字缺中直。

赤乌砖

长存七寸五分，宽五寸强，厚一寸强。

文曰"赤乌五年封"，下断，背列蕉叶纹，中间古泉三。文曰"大泉□百"，惜残蚀，拓不显。

太平砖

长存六寸，宽六寸强，厚二寸一分。

文曰"太平元年"列砖端，侧存一鱼，背列蕉叶纹，间以二泉。

永安砖

长尺有五分，宽五寸，厚一寸四分。

文曰"永安元年六月十日"。

其二　长尺有五分，宽五寸，厚一寸一分。

文曰"永安三年九月十五日作，存者富贵，亡者万安"十八言，下六字，列下端，"五""作"二字已漫漶。

其三　长存九寸，宽五寸，厚一寸五分。

文曰"永安五年八月辛亥"八字。

宝鼎砖

长存七寸五分，宽四寸八分，厚一寸五分。

文存"宝鼎三年吴兴乌程"八字，"宝"字、"程"字已缺其半。

其二　长存九寸五分，宽存四寸五六不等，厚一寸五分。右侧残缺。

文存"鼎三年吴兴乌程所立灵"十字，"吴兴乌程所"五字已半蚀。

其三　长一尺弱，宽四寸九分，厚一寸五分。

文曰"宝鼎四年八月蔡造"，"宝"字上半已蚀，上端列雉虬形各一，中间一泉，惜拓不显。

凤凰砖

一存上截，长六寸，宽五寸四分，厚一寸二分；一存下截，长六寸弱，宽厚同。

上截文存"凰皇囗（见千甓亭全砖拓本，是元字）年九"五字，字已损缺，端存鱼形半，下截文存"九月范氏造"，合两砖读之知是"凰皇元年九月范氏造"。盖范氏墓砖，字体隶篆参用，一字一格制作精致，惜未得全壁耳。

其二　长存八寸，宽处存五寸，厚一寸五分。

文存"凰皇二年"四字，"凰"字已半蚀。

其三　长存七寸，宽五寸，厚一寸二分。

文曰"凰皇三年施氏"六字，"年"作"秊"变体，"氏"字已仅存二笔，上端"富贵"字，"富"字已损。

其四　长一尺，宽五寸，厚一寸二分。

文曰"凰皇□年□氏作壁"，上端列"富贵"二字，下端作⊠不可辨。

其五　长存五寸，宽五寸三分，厚一寸五分强。

文存"凰皇□"字，"凰"字亦已漫漶，端列"□中正神堂"五字，中上似"春"字，然不可解。

天玺砖

长一尺一寸，宽五寸三分，厚一寸五分。

文曰"天玺元年太岁在丙申苟氏造"，"岁"字已漫漶。

其二　长一尺一寸，宽五寸强，厚一寸八分。

文曰"天玺元年太岁在丙申九月作此壁"，上列古泉一，下列泉形，中绘一雀。

其三　长一尺一寸五分，宽四寸八分，厚一寸八分。

文曰"天玺元年辛丑作"列砖端，"天"字上画已剥蚀，背纹存古泉形二，余已漫漶。左侧作直线五，右侧列双鱼，中间一泉，按元年岁值丙申，此云辛丑或纪其造作之月耳。

天纪砖

长一尺有七分，宽五寸，厚一寸八分。

文曰"天纪元年太岁丁酉"（丹阳芮氏），上端曰"万岁不败"，"杨芮"字均损其半，千甓亭所载"芮"字下尚有一"作"字，此已缺矣。

其二　长一尺一寸，宽四寸五分，厚一寸五分。

文曰"天纪二年太岁在戊戌"，上端列奇兽形，又似鱼鸟而长喙，双角竟不可识。

其三　长一尺一寸，宽五寸四分，厚一寸六分。

文曰"天纪二年"列在砖端，下端作鱼形，有"鲲鱼"二字列鱼之首尾。左侧列双鱼，中间一泉，上下有"大子"二字，均已漫漶，两平*面*各列古泉四。

其四　长一尺二寸八分，上宽四寸，下宽五寸强。

此砖上锐下宽，文曰"天纪二年"列上端，两平面亦均列泉文。

其五　长存五寸，宽五寸三分，砖侧左右各异，一厚一寸三分；一厚一寸六分。

文在砖侧存"天纪二年八月"六字，"月"字已损，两平面均作葵叶纹。

其六　长处存七寸，宽六寸强，厚二寸。

文曰"天纪三年"列砖端，侧存一鱼，两平面亦葵纹，中间以泉。

其七　长一尺一寸，宽五寸，厚一寸六分。

文曰"天纪三年太岁己亥闰月十九日□□"反文，"岁"字、"九"字已漫漶，"日"下"造作"二字已损，下端纹。

其八　长存八寸，宽厚与前同。

上截已断，文存"太岁己亥闰月十九日造作"，"年"字已损其半，文与前砖同，此特明显，故并存之。

晋

泰始砖

长存四寸强，宽四寸八分，厚一寸七分。

文曰"泰始二年"作列砖端，"泰"作"*秦*"变体，两侧有界线，似应有文字。

其二　长处存七寸五分，宽处存四寸五分，厚一寸六分。

文在砖端存"泰始二年"四字，下已缺。

其三　长存五寸，宽六寸，厚一寸七分。

文存"太始二年公孙"六字，下已断，"太"字已漫漶，"始"字亦拓，不甚显矣。

其四　长一尺有八分，宽五寸五分，厚一寸七分。

文列两端，一曰"泰始五年作"，一曰"丁中书冢"。此砖"泰""作"字及下端四字均已漫漶，一存上截四寸强，文曰"泰始五年作"；一存下截五寸，文曰"丁中书冢"。

太康砖

长一尺一寸四分，宽四寸六分，厚一寸五分。

文曰"太康二年太岁辛丑"，篆文，"二"作〰。

其二　长九寸七分，宽四寸四分，厚一寸四分。

文曰"太康二年九月八日章士康造"，篆文，"太"字已漫漶，"造"字已略损。

其三　长九寸七分，宽四寸五分，厚一寸二分。

侧文曰"太康三年作壁万"，盖万氏砖也，"年"作"秊"，"万"作"萬"，皆变体，上端列"太平岁"三字。

其四　长处存六寸七分，宽六寸，厚一寸八分。

文曰"太康三年"列砖端，侧存鱼纹半。

其五　长存五寸六分，宽存三寸，厚三寸强。

文存"太康□（三）年"四字，上列一泉。

其六　一存上截，长处八寸半；一存下截，长处八寸，宽六寸，厚一寸六分。

上截文存"太康三年太岁在壬"，"壬"字已损，下截文存"壬寅七月廿二日作，此壁主姓纪"，盖纪氏墓砖，惜砖质极松，其色赭黄，似未经火者。文字均漫漶，拓墨不易显。"康"作"康"，"寅"作"寅"，皆当时别体。"年""太""廿""此""姓"等字，已拓不显。两平面均作席纹，间以古泉四五。

其七（三）　一存上截，长五寸；一存下截，长八寸二分；又下截一出，长处存四寸半，宽六寸，厚一寸四分右一寸七分。

三砖同出一范，上截文存"太康三年太岁在壬"八字，下截文存"太岁在壬寅八月十三日作壁主姓朱"十五字，朱字又下截，文存"日作壁主姓朱"，上截砖亦酥蚀，下截二砖质特坚，字亦明显，故并存之。"壁"作"壁"，"姓"作"性"，"康"作"康"，"岁"作"岁"，"寅"作"寅"。

其八（二）　上截长存五寸五分，下截长存六寸五分，宽六寸弱，左厚一寸一分，右厚一寸六分。

上截文存"太康四年太岁在癸"八字，"太"字及"太岁""癸"三字均已损；下截文存"在癸卯九月十日作此壁"十字，两平面，席纹间以古泉。

其九　长尺有四分，上宽二寸八分，下宽四寸六分。

文曰"太康八年太岁丁未七月制"，在砖端侧上端列一方胜纹，背系麻布纹，极细。

其十　长一尺，宽四寸五分，厚一寸三分。

侧文曰"太康八年七月廿日仆冢"反文，下端有"仆冢"二字，盖仆氏墓砖也。

其十一　长一尺有九分，宽四寸八分，厚一寸四分。

文曰"太康九年八月廿日造"，日△下损，下端列"万岁不败"四字，

"万"字已缺其半。

其十二　长存八寸，宽六寸，厚一寸六分。

文存"太康九年九月"六字，下已断，"九"字亦仅存末笔，端侧均作方胜纹。

其十三　长尺有八分，宽五寸，厚一寸六分。

文曰"太康十年七月陈宝士宜"，下端作斜方格。

其十四　长九寸五分，宽四寸一分，厚一寸五分。

文曰"太康"，下不可辨，下端有明□作用（**甴**），均反文。

其十五　长一尺五分，宽五寸二分，厚一寸六分强。

砖侧文曰"万祀不败"，下端有"太康"二字，均篆文。

其十六（长）　侧存"太康"二字，下端存"大吉羊"三字。

元康砖（二）

长一尺二寸四分，宽五寸五分，左厚一寸二分，右厚一寸七分。

文曰"元康元年六月廿七日陈钟纪作富贵宜子孙**興**"，背有"宣城广德施家作"七字，"元"字已损，背文亦仅存一"施"字；"年六月廿"四字已蚀，"陈"作"**陣**"，"孙"作"**絎**"。

其二　长尺有三分，宽五寸，厚一寸五分。

文曰"□康二岁在子钮氏造"，"元"字已缺，考元康二年值壬子，以砖文"岁在子"按之，则上所缺者为"元"字无疑。

其三　长一尺有三分，宽四寸八分，厚一寸二分强。

文曰"元康三年七月十五日姓□"，"姓"字已半损下缺，下端有方胜纹。

其四　长一尺二寸四分，砖式厚薄与前元年砖同。

文曰"元康三年六月廿七日陈钟纪作富贵"，下已断蚀，背文亦有"施家作"字，似与前砖同造，月日同而年岁不同，殊不可解。

其五　长一尺三寸二分，宽五寸五分，厚一寸六分强。

文在砖侧双行，"元康三年六月廿七日孝（反文，子已损）中郎陈钟纪作宜子（子字已缺下半）"，右行有五字约略可辨，惟一"相"字最明显。下截有虬龙形，下端亦有双行文字，惜剥蚀缺损无可辨识。背有"宣城广德施家"六字，"家"字已半损。

其六　长一尺二寸八分，宽五寸三分，厚二寸。

文在两端"元康六年施家"，背存"广施家作"四字，尚可辨，侧作水浪纹。

其七　长一尺一寸四分，宽五寸八分，厚一寸九分。

文曰"元康六年丙辰岁黄氏造作吉冢"，两端各列一鱼，两平面均席纹，间古泉五六。

其八　长一尺一寸五分，宽五寸七分，厚一寸五分。

文曰"元康六年冢主姓黄大吉"，中间一泉，首尾各列一 ⊗。

其九　长一尺一寸三分，宽五寸七分，厚一寸二分，右略厚。

砖式及文与前砖同，惟略小，字体亦异，别一范也。

其十　长九寸五分，宽四寸五分，厚一寸四分。

文曰"□元康八年八月廿六日王□□"，下端有"王"字，中间 ✕ 纹。

其十一　长存九寸，宽五寸，厚二寸。

文存"元康八年□"四字，下已断，上端有"万年"二字，均篆文。

其十二　长存四寸余，宽六寸二分，厚一寸八分。

文存"元康八年□□"在砖端，侧存古泉一，下断。

其十三　长一尺一寸二分，宽六寸二分，厚一寸四分。

文曰"元康□年□月卅日子范□"，下端亦有文字。

其十四　长一尺有二分，宽五寸强，厚一寸七分。

"元康"二字列砖端，侧文曰"万祀不败"。

其十五　长九寸六分，宽四寸八分，厚一寸六分。

砖式文字均与前同，惟尺寸略小耳。

其十六　长一尺，宽四寸九分，厚一寸六分。

砖端有"元康"二字，侧文篆不可识，同一百七十砚。

永康砖（二）

一长存七寸，宽五寸，厚一寸四分；一长一尺，全宽厚同。

文在砖侧，一存"永康元年太岁在庚"八字；一存"康元年太岁在□申"，所作均反文，下端三字不可辨；一已漫漶，下似"承裔"二字，然未可强定。

其二　长一尺一寸五分，宽五寸五分，厚二寸一分。

文曰"永康元年七月卅日陈□（似'希'字）"，上端有花饰三。

太安砖

长存六寸，宽四寸九分，厚一寸六分。

文在侧存"晋太安二年岁在"七字，下已断，上端列古泉一又 弨。

永安砖

长存七寸，宽五寸五分，厚二寸。

文存"永安元年太岁在甲子七月"十一字，上端作。

永兴砖

长尺有八分，宽四寸六分，厚一寸四分。

文曰"永兴二年八月乙丑朔廿日俞家"，反文。

其二　长处存六寸弱，宽五寸，厚一寸八分。

文列砖端"永兴三年作"五字，背作大泉一，中有"东西□□"字分列四面，侧作畺不可识，下作斜方式。

永加砖

长尺有五分，宽五寸，厚一寸八分。

文曰"永加元年八□十日□作"，□反文。

其二　长尺有五分，宽五寸，厚一寸六分。

文曰"永嘉二年太岁在戊辰八月廿（卅）日□□"。

其三　长尺有四分，宽五寸弱，厚一寸七分。

文曰"永嘉二年九月钱□制"，反文，左侧及上端均作反胜纹。

其四　长处存四寸五分，宽五寸三分，厚一寸七分强。

文曰"永嘉五年王琳所造"，反文列砖端，"永"字已损，右侧花纹已不显，左侧存人象二，下已断。

其五　长一尺三寸，上宽五寸五分，下宽六寸六分，厚一寸五分。

文曰"永嘉六年大贞□□子十二月造"，右侧有鱼纹，上端亦列一鱼，惜残损。两平面席纹，间以古泉六，此砖已漫漶，拓不显矣。

其六　长存六寸，宽五寸七分，厚一寸八分。

文存"永嘉六年"四字，下已断。

其七　长存四寸六分，宽四寸二分，厚一寸六分。

文存"永嘉七年"四字，"年"字已半缺，上端有一"王"字，其王氏墓砖与左侧似亦有文字，惜已平曼。

建兴砖

长尺有二寸，宽四寸六分，厚一寸六分。

文列三面，端曰"建兴二年"，右侧"太岁在甲戌八月十七作左侧萝黄（华）创立功夫也"，均反文，与百六十八同。

其二　长一尺一寸，宽五寸四分，厚一寸八分。

侧文曰"建兴三年太岁在乙亥孙氏造"，上端"传世富贵"，下端"万岁不败"。

其三　长存七寸，宽厚与前同。

侧文存"岁在乙亥孙氏造"七字，下端列三泉，中有"大泉五百"四字篆文，"百"作"日"，省文也。

其四（二）　一存上截，长六寸，宽五寸二分，厚一寸八分；一存下截，九寸弱，宽厚同。

上截文存"八月壬戌朔廿日"七字，端列"可久长"三字；下截文存"戌朔廿日辛巳孙氏作"，端列"长未央"三字，"央"作"英"，殆当时所误。

大兴砖

长一尺二寸五分，宽六寸五分，厚一寸八分。

文在砖端"大兴元年八月廿日"八字，"廿日"二字已漫漶。两侧并背均有纹，惜质酥而为土蚀，拓不显矣。

其二　长存四寸六分，宽五寸六分，厚一寸八分。

文在砖端"大兴二年八月"六字，侧有鱼纹，仅存其半矣。

其三　长一尺强，宽四寸八分，厚一寸七分。

文在砖侧"大兴四年吴*興*送故吏民作"十一字。

其四　长存四寸六分强，宽四寸八分，左厚右薄，厚寸六分，薄一寸弱。

文在砖侧"建兴四年岁"五字，"建"字已损，"岁"字只存"止"字。

永昌砖

长一尺一寸四分，宽六寸，厚一寸六分。

文曰"永昌元年八月廿日范氏造□"，反文。

其二　长尺有五分，宽四寸五分弱，厚一寸五分。

文曰"永昌元年九月廿二日□□"。

其三　长存五寸，宽五寸六分，厚一寸六分。

文在侧存"永昌元年"四字，下已断。

太宁砖

长一尺，宽四寸五分，厚一寸五分。

文曰"大宁元年七月丙子朔"，两端及侧均有纹。

其二　长存六寸弱，宽四寸强，厚一寸四分。

文存"大宁二年八月"六字，"月"字已损。

其三　长存七寸，宽五寸，厚一寸五分。

侧文曰"泰*寕*□年八"五字，端曰"九月卅日*姐*"，均反文。

咸和砖（二）

长一尺有一寸强，宽五寸八分，左厚右薄。

文曰"咸和元年太岁丙戌八月十日乘氏□"，左侧有双龙，两头分列"宽□"二字。一砖文亦同，惟左侧无文，故并存之。

其二　长存五寸弱，宽四寸六分，厚一寸五分。

文存“咸和元年”四字，上端有一“王”字。

其三　长一尺有五分，宽四寸五分，厚一寸五分。

文曰“咸和元年八月□”七字。

其四　长存四寸，宽五寸，厚一寸五分。

文曰“咸和元□□月十日杨□□□”在砖端。

其五　长一尺一寸强，宽五寸四分，厚一寸七分。

文曰“咸和二年太岁在丁亥□”。

其六　长一尺一寸，宽五寸四分，厚一寸三分。

文曰“咸和二年九月十日立”，下端有方胜纹。

其七　长存五寸，宽五寸，厚一寸六分。

文存“咸和四年八月十”七字，两侧同。

其八　长处存八寸，宽五寸六分，厚二寸弱。

文曰“咸和四年八月廿三日”，“咸和”字已漫漶，仅存一二笔矣。

其九　长尺有五分，宽四寸八分，厚一寸八分。

文曰“咸和五年九月七日作岁在寅”，反文十二字。

其十　长一尺一寸，宽五寸六分，左厚一寸七分，右厚一寸。

文曰“咸和六年八月三日造作也”，上端列一鱼，下端作连环纹，右侧亦有纹。惜为土蚀，拓不甚显。

其十一（三）　长一尺一寸，宽五寸七分，厚一寸六分。

右侧文曰“咸和六年八月三日造作也”，左侧文曰“土作□甚用□宜□息”。上端文曰“宽者八百枚”，下端文曰“宜天子侯孙”。一存上端，右侧有“六六年四年”，左侧有“土作甚”三字，端文曰“宽者八百枚”，“百”字已损；一存下端七寸，右侧有“八月三日造作也”七字，左侧

"用⼑宜消息"（或是通字）。

其十二（三）　长一尺一寸，宽五寸八分，厚一寸四分。

左侧文曰"太岁辛卯刘咏砖"，上端文曰"宜天子侯孙"，右侧文曰"土作甚用又宜消息"；下端文曰"宽者八百枚"。一存下截六寸，侧存"卯咏砖"三字，端文"宽者八百枚"，右侧存"土作甚"；一存上截七寸，左侧仅"辛卯"二字可辨，右侧存"用⼑消息"，端文"宽者八百四字"。

其十三　长一尺有二分，宽四寸半，厚一寸五分。

文曰"咸和六年十月十五日立"十字。

其十四　长一尺二寸五分，宽六寸，左厚一寸四分，右厚一寸八分。

文在左侧仅"咸和廿日造"五字可辨，背纹列大泉六。

咸康砖

长一尺一寸五分，宽四寸八分，厚一寸五分。

文曰"咸康□（似'四'字）□年□太岁在戌□□□"，反文。

其二　长尺有八分，宽五寸六分，厚一寸九分。

文曰"咸康六年八月十日方"九字，左侧列"一人"二字（一似"矦"字，一似"百"字，文倒），未可强定，两端均列一鱼。

其三　长九寸五分，宽四寸六分，厚一寸五分。

文曰"咸康八年七月卅□（似'钱'字）□作"，左侧及两端均有花纹。

其四　长存四寸八分，宽四寸二分，厚一寸七分。

文存"咸康八年八"五字在砖侧。

建元砖（四）

一长存三寸，宽五寸五分，厚一寸八分。

文在侧存"建元元年"四字，"建"字、"年"字已损；一长存四寸五分，左厚右薄，文在左侧存"建元二年"；一长存五寸六分，左厚右薄，文在左侧存"建元二年□"五字；一长存五寸五分，宽五寸五分，厚一寸六分，文在砖端曰"建元二年盧□"六字，侧有斜直纹。

永和砖

长一尺，宽四寸五分弱，厚一寸五分。

文曰"永和二年八月六日作茂□"十一字，下端亦有一"茂"字，均反文。其茂氏墓砖类。

其二　长尺有五分，宽五寸，厚一寸七分。

文曰"晋永和五年二月太岁在己酉作"十三字。

其三　长尺有五分，宽五寸二分，厚一寸六分。

文曰"永和□□□□"，篆体反文，字极奇肆，不可强识。

升平砖

长九寸八分，宽四寸六分，厚一寸五分。

文曰"升平三年八月十□日"，范言作反文。

兴宁砖

长尺有五分，宽四寸五分，厚一寸六分。

侧文曰"兴宁元年八月"六字，上端有"□元"二字，均反文。

太和砖

长尺有三分，宽五寸强，厚一寸六分。

文曰"泰和三年九月二日黄生作"，右侧有直纹，上端列一鱼，下端列一泉。

其二　长九寸八分，宽四寸二分，厚一寸三分。

右侧文曰"泰和四年七月廿七日□□"十一字，左侧文不可辨，上下端均有方胜纹。

其三　长存九寸，宽三四寸不一，厚一寸七分。

文在侧上半作立纹，下半存"太和四年八月"六字，"月"字反文。

其四　长存六寸强，宽四寸三分，厚一寸四分。

文在端仅"太和四年"四字。

宁康砖

长存五寸，宽四寸五分，左厚右薄。

文在砖端"宁康三年朱□"六字，反文。

太元砖

长存五寸弱，宽四寸八分，厚一寸五分。

文在侧存"太元元年八月"六字反文，"月"字已半损，上端列方胜二。

其二（二）　长一尺一寸五分，宽五寸六分，厚一寸六分。

一曰"太元四年八月哀子任忌作宽"十二字，一曰"□元□□□月哀子任忌作方"，反文。

其三　长尺有六分，宽五寸，厚一寸六分。

文曰"泰元四年八月廿日□□□作"。

其四　长一尺一寸，宽五寸四分，厚一寸七分。

右侧文曰"太元十一年□月卅日"，左侧上半作鱼纹，下半有"□□作"三字，两端亦各列一鱼。

其五　长存六寸，宽五寸五分，厚一寸七分。

文在侧存"太元十三年"五字，下列一鱼（"三"字似反文"五"字）。

其六　长存九寸，宽五寸，厚一寸六分。

左侧列双鱼文，在两鱼中曰"太元十三年"五字，右侧亦列双鱼，中有"富□"二字。两端各列一鱼，均已损缺，背有席纹，间以小泉，制作尚细。

其七　长一尺，宽五寸六分，厚一寸四分。

文曰"太元十四年□"，反文。

其八　长一尺一寸五分，宽五寸三分，厚一寸七分。

文曰"大元十七年八月张韵方"，右侧有双鱼纹，中间一泉，上端列一鱼。

其九　长存六寸五分，宽五寸七分，厚一寸八分。

文在端存"太元酉作"四字，"酉"作"**酋**"，侧存一鱼一花。

隆安砖

长存五寸弱，宽五寸五分，厚五寸六分。

文在侧存"隆安三年八月"六字，反文，"隆"字已损，右半端列鱼纹。

义熙砖

长尺有五分，宽四寸七分，厚一寸四分。

侧文曰"义熙三年十月廿日作"，上端有一"中"字，下端"大堵土"三字，右侧有花纹，背有泉纹。

其二　长一尺，宽四寸五分，厚一寸五分。

侧文曰"晋义熙十年八月八（十六日□马□司□徒）作"，反文，上端文字惜漫漶不可辨。

其三　长存四寸，宽五寸四分，厚一寸五分。

文在侧存"义熙"二字，端有"大宽中"三字。

元熙砖

长存七寸二分，宽四寸五分，厚一寸四分。

文存"元熙元年太岁己未"八字反文，下已断，千甓亭所载下有一"韩"字，此仅存"艹"数笔矣。

凉（应附晋建兴后而考之）

建兴砖

长存六寸，宽五寸弱，厚一寸四分。

侧文存"建兴五年八月己酉"八字，上端列方胜一，泉式二。

宋

元嘉砖

长存六寸，宽四寸六分，厚一寸五分。

文曰"元嘉□年八月□□作"，在砖端。

其二　长存四寸余，宽五寸五分，厚一寸七分。

文曰"元嘉四年"，在砖端。

其三　长存三寸，宽五寸二分，厚一寸八分。

文曰"宋元嘉七年（'七'似'十'字）"，在砖端。

其四　长存八寸，宽五寸五分，厚一寸八分。

文曰"宋元嘉十年"在砖端。

其五　长尺有一寸，宽五寸三分，左厚右薄，厚处一寸五分，薄处一寸强。

文在两端，一曰"元嘉十一年"五字，一仅存"甲"字可辨，按元嘉十一年岁值甲戌。

其六　长存六寸，宽五寸二分，厚一寸七分。

文存"宋元嘉十三年"六字，下已断。上端有泉纹二，中间直格，甚精细。侧亦有直纹，制作较逊。

其七　长存八寸余，宽六寸，厚一寸六分。

侧文存"宋元嘉十三九月一日"九字，下已断。上端文存"嘉十三年九"五字，"嘉"字亦已损。

其八　长一尺一寸五分，宽五寸六分，右厚左薄，厚一寸八分，薄一寸一分。

文曰"任□宋元嘉廿一年八月建功作壁"，右侧有双鱼纹，中间一泉，下端泉纹一，甚精。

其九　长一尺一寸九分，宽五寸六分，厚一寸八分。

文曰"任□宋元嘉廿一年八月建功作壁"，上端及右侧均有双鱼，下端中列一泉，两头加以直线。

其十　长存五寸余，宽五寸五分，厚一寸四分。

文曰"宋元嘉廿二年太岁乙酉"十字，两侧均作鱼纹，惜已断。

其十一　长尺有五分，宽五寸，厚一寸六分。

文曰"元嘉廿七年□求太常作"九字，上端列一泉，下端列一鱼，背有麻纹，极细，已漫漶，拓不显矣。

大明砖

长尺有七分，宽五寸二分，厚一寸六分。

文曰"大明元年胡道荞"七字在砖端，"大"字已损，"荞"字未全。

其二　长一尺，宽四寸八分，厚一寸六分。

文曰"大明三年口广锡（疑是'阳'字）"在砖端，下端作双泉纹。

其三　长存六寸八分，宽五寸五分，厚一寸八分。

文曰"大明三年黄武线（似'城'字）"，在砖端。

其四（三种）　一长尺有三分，宽四寸八分，厚一寸七分弱；一长尺有三分，宽五寸，厚一寸七分；一长一尺一寸，宽五寸二分，厚一寸八分。

文曰"大明三年求平爵"在砖端，下端作双泉纹三种，三种文同，惟尺寸各异，背纹亦均系细麻布纹。

其五　长尺有七分，宽五寸二分，厚一寸六分。

文曰"大明三年八月口孝口"九字在砖侧，两端一鱼一泉。

其六　长存五寸弱，宽五寸五分，厚一寸八分。

文曰"大明四年"四字在砖端。

其七　长尺有五分，宽五寸，厚一寸七分。

文曰"大明六年求祭酒"七字砖端，下端列双泉。

其八　长存七寸弱，宽五寸，六分厚一寸八分。

文曰"大明八年甲辰岁"七字在砖端。

其九　长存八寸，宽五寸六分，厚一寸九分。

文曰"大明八年岁甲辰严辽阳"。

元徽砖

长一尺，宽四寸八分，厚一寸六分。

文曰"元徽三年作"五字在砖端，下端作双泉纹，已缺其一。

齐

永明砖

长一尺一寸弱，宽五寸五分，厚一寸八分。

文曰"永明二年丁功曹冡"八字，"曹"字旁注，侧有古泉，两头作人字纹，下端列双泉。

其二　长尺有八分，宽五寸二分，厚一寸六分强。

文曰"齐永明七年大岁口（已匕巳）八月十日口作"十五言，左侧似有龙纹，端亦有花，惜拓不显。

其三　长一尺，宽四寸八分，厚一寸五分强。

文曰"永明十年吴护军冡"，两端各列泉二，双线贯之，甚精细。

其四　长存四寸八分，宽五寸五分，厚一寸七分。

文曰"永明十年口"五字，下已损。

建武砖

长一尺一寸五分，宽五寸七分，厚一寸八分。

文曰"建武三年作"五字在端侧，列一泉，两头缀以花饰。

永元砖

长尺有四分，宽五寸五分，厚一寸六分。

文曰"永元元年己卯"六字在砖端。

其二　长一尺一寸五分，宽五寸八分，厚一寸八分。

文曰"永元元年作"五字在砖端，下端"赵文远父冡"五字，侧作水浪纹，中间一泉。

其三　长存二寸余，宽五寸五分，厚二寸弱。

文曰"永元二年戊辰"六字在端，按二年值庚辰，砖作"戊辰"，当时之误。

其四　长一尺一寸，宽五寸六分，厚一寸三分强。

文曰"齐永元二年太岁庚辰会稽王墓"十三字在砖侧，上端缀以花纹，与百六十砚同范，此惟文字较略显。

梁

天监砖

长一尺一寸，宽五寸六分，厚一寸八分。

文曰"天监元年壬午"六字在砖端，下端"严新礼冢"四字，侧有龙纹。

其二（三）　一长一尺一寸，宽五寸，厚一寸八分；一存上截八寸三，一存下截五寸余。

上端文曰"天鉴二年癸未"六字，天字已损，下端仅"求事"二字隐约可辨；一上截"天鉴二年癸未"，字甚显，一下截"求□主事冢"，"求"字亦隐约矣。

其三　长一尺，宽五寸，厚一寸六分。

文曰"天监四年作"五字，"作"下端列双泉纹。

其四　长存四寸五分，宽五寸强，厚一寸七分。

文同前，列砖端，细审文字是两种。

其五　长存五寸余，宽五寸，厚一寸七分。

文曰"天监四年"在砖端。

其六　长存二寸余，宽五寸二分，厚一寸七分。

文曰"天监五年"四字在砖端。

其七　长一尺一寸五分，宽五寸六分，厚二寸弱。

文曰"天监七年"，在上端"七"字已漫漶，下端有"鱼乡"二字可辨，"乡"字亦漫漶矣。

其八　长一尺，宽五寸，厚一寸六分。

文在端仅"天监七"三字可辨。

其九　长存六寸余，宽五寸五分，厚一寸五分。

文曰"天监十年"在砖端。

其十　长存二寸余，宽五寸三分，厚一寸五分。

文曰"梁天监十年"在砖端。

其十一（二）　一长一尺二寸弱，宽六寸，厚二寸；一长一尺一寸五分，宽五寸八分，厚一寸九分。

文曰"梁天监十年"在上端，下端有"徐法超父冢"五字，侧有鱼纹，两种文字同一，无侧纹，尺寸亦略小。

其十二　长一尺一寸，宽五寸三分，厚一寸七分。

文曰"梁天监十一年"在上端，下端作双泉纹。

其十三　长存六寸五分，宽五寸五分，厚一寸八分。

文在侧存"梁天监十一年"六字，下已断。

其十四　长一尺一寸，宽五寸五分，厚一寸六分。

文曰"□天监十二年作大岁癸巳□（似'所'字）作"十二字，下端有"胡□昌冢"四字。

其十五　长存六寸，宽五寸二分，厚一寸六分。

文曰"天监十二年作"在砖端，侧有虬龙纹。

其十六　长一尺一寸弱，宽五寸五分，厚一寸九分。

文在两端，上曰"天监十三年太岁甲午作"，下曰"求欣平令妻乘明堂"。

其十七　长存三寸余，宽五寸四分，厚一寸八分。

文曰"天监十三年大岁甲午作"在端。

其十八　长尺有八分，宽五寸二分，厚一寸六分。

文在两端，一曰"梁天监十三年甲午"，一曰"□丙直明堂"，两侧均有虬龙纹。

其十九　长一尺一寸，宽五寸五分，厚一寸七分。

文在两端，上曰"梁天监十三年"，下曰"氵河阳□明堂"，"阳"字旁作ꝙ，反文。

其二十　长存六寸余，宽五寸五分，厚一寸七分强。

文在端仅"监十五"三字可辨。

其二十一　长存四寸余，宽五寸，厚一寸七分强。

文曰"天监十六"在砖端，"秊"字已半损。

其二十二　长存五寸余，宽五寸七分，厚一寸九分。

文曰"天监十六年作"在砖端。

其二十三　一长尺有五分，宽五寸二分，厚一寸六分；一存上截五寸余；一存下截三寸余。

一上端文曰"□天监十六年"，下端存"黄定阳妇"四字，两侧均作虬龙纹；一上截文曰"梁天监十六年"，一下截文曰"黄定阳妇冡"，两侧纹均同。

其二十四　长一尺一寸二分，宽五寸五分，厚一寸八分强。

文曰"梁天监十七年太岁□□（按是'戊戌'）"，左侧文曰"今年八月十三日造冡"，上端列"严功曹明堂"五字，下端列泉纹二。

其二十五 长尺有六分，宽五寸二分，厚一寸七分。

文曰"天监十七年作闰八月"九字，下端有"几□□（似'葬'字或作'女艺'字）冢"。上端作双泉纹，左侧上半作一泉，界以斜线，下半作两胜纹。

普通砖

长一尺一寸，宽五寸四分，厚一寸八分弱。

文在两端，一曰"普通元年作"，一曰"求道士明堂"，两侧作虬龙纹。

其二 长存六寸，宽五寸，厚一寸七分。

文曰"普通四年作"在砖端。

其三 长一尺一寸，宽五寸二分，厚一寸五分。

文曰"普通五年作"在砖端。

中大通砖

长存五寸弱，宽四寸八分，厚一寸六分。

文曰"中大通三年作"在砖端。

其二 长存二寸余，宽五寸，厚一寸七分。

文曰"中大通三年□"，"三"字已拓不显，细审似"五"字。

其三 长存七寸，宽五寸五分，厚一寸八分。

文曰"中大通四年作"在砖端，侧有虬龙纹。

其四 长存七寸，宽五寸五分，厚一寸八分。

文与前同，惟出两范。

其五 长存五寸，宽五寸二分，厚一寸六分。

文曰"中大通六年"在端。

大同（四许）

三　长尺有五分，宽五寸五分，厚一寸八分强；一存尺文在两端，一存"元年作"三字，"武骑明堂"四字；一"大同元年作"五字，"元"字已剥蚀，下端已漫漶；一"大同元年作"五字特完整，下端存一"求"字可辨，一存下截"求武骑明堂"五字特显，故类存之。

其二　长一尺一寸三分，宽五寸四分，厚一寸九分。

文在两端，一曰"梁大同元年乙卯作"，一曰"丁三祁〔（似非'祀'字）明堂"，两侧虬龙纹极精致，砖亦完整。

其三　长存五寸，宽五寸弱，厚一寸七分。

文曰"大同元年"四字在砖端。

其四（二）　一长存四寸五分，宽五寸二分，厚一寸八分；一长存三寸余。

文曰"梁大同元年作"在砖端，两侧均有虬龙，一文同范异，并存之。

其五　长一尺一寸，宽五寸三分，厚一寸八分。

文在两端，一曰"大同元年作"，一曰"求弟五明堂"，两侧亦作虬龙纹，砖亦完整。

其六　长存四寸余，宽五寸四分，厚一寸八分。

文曰"大同元年□"五字，"年"字下一字已漫漶，两侧有虬纹。

其七　长尺有六分，宽五寸二分，厚一寸八分。

文曰"大同元年八月"六字在砖端，大字已拓不显，下端列双泉纹。

其八　长存四寸余，宽五寸三分，厚一寸七分。

文曰"梁大同二年"在砖端。

其九　长四寸余，宽五寸强，厚一寸七分。

文曰"大同二年作"在砖端。

其十　长存七寸弱，宽五寸三分，厚一寸八分。

文曰"大同二年作"在端。

其十一　长存二寸余，宽四寸九分，厚一寸一分。

文曰"大同七年作"在砖端。

其十二　长存三寸余，宽五寸四分，厚一寸六分。

文曰"□大同七年作"在端，已漫漶。

其十三　长存六寸，宽五寸，厚一寸六分。

文曰"大同七年作"。

其十四　长尺有五分，宽五寸五分，厚一寸七分。

文在两端，一曰"大同七年作"，一曰"敕□□明堂"，均漫漶，拓不显。

其十五（二）　一存三寸余，宽五寸，厚一寸八分；一存六寸许。

一文曰"大同九年作"在砖端，一文曰"大同九年"，下已损，"大"字亦半损矣，两侧均有虬龙纹。

其十六　长存九寸五分强，宽五寸，厚一寸六分。

文曰"梁大同九年癸亥"在砖端，下端列双泉，两侧作虬龙纹。

其十七　长一尺一寸弱，宽五寸五分，厚一寸九分。

文在两端，一曰"大同十年作"，一曰"丁平源妻冢"，两侧均有虬龙纹。

其十八　长存三寸余，宽五寸，厚一寸七分。

文曰"大同十年作"在端侧，有虬龙纹。

中大同砖

长存四寸余，宽五寸五分，厚一寸七分。

文曰"中大同元年作"在砖端。

太清砖

长存五寸余，宽五寸四分，厚一寸八分。

文曰"梁太清元年作"五字，反文，在砖端。

其二　长存三寸余，宽存五寸弱，厚一寸八分。

文存"囗清元年丁"四字。

陈

陈砖

长一尺一寸四分，上宽四寸三分，下宽五寸，厚一寸五分。

文在侧"大陈元年九月十日囗"，两侧同，末一字似"作"字。

大建砖

长尺有五分，宽五寸，厚一寸八分。

文在端，存"建四年作"四字。按下一字以"建"字纪元者，汉有顺帝永建，宋有孝建，北魏有天建，北齐有皇建。此砖"大"字已缺，几不可定。取八年砖以侧文合审之，决为陈宣帝时物无疑。两侧作虬龙纹，下端缀以菱花二出。

其二　长存七寸余，宽五寸四分，厚一寸八分。

文曰"太建八年作"在砖端，侧有虬龙纹，尚有全砖一。惜质酥，字漫漶已不可拓墨。

隋

开皇砖

长尺有六分，宽五寸四分，厚一寸八分。

文在侧两头列古泉二，界以斜线，中曰"开皇十三作"，下补一"年"字在泉纹内。上端曰"大岁癸丑儿𧰼"，"太"字已缺。

其二　长存八寸余，宽五寸四分，厚一寸八分。

文曰"开皇十八年作"在砖端。

其三　长存五寸余，宽五寸三分，厚一寸六分。

文存"皇十八年"四字在砖端。

仁寿砖

长一尺一寸，宽五寸二分，厚一寸七分。

文在两端，一曰"仁寿三年作"，一曰"求著作明堂"。

其二　长一尺一寸，宽五寸五分，厚一寸六分。

文在两端，一曰"仁寿三年作"，一曰"求三"二字。

其四（三）　一长存三寸余，宽五寸二分，厚一寸五分；一长存五寸余，宽五寸四分，厚一寸五分；一长存四寸余，宽五寸八分，厚一寸五分。

文曰"仁寿三年作"均在，端文同范异，并存之。

大业砖

长存五寸余，宽五寸二分，厚一寸八分。

文曰"大业四年"在端。

唐

贞观砖

长五寸余，宽五寸四分，厚一寸五分。

文在端存"□观五年"三字反文。

永徽砖

长存四寸，宽四寸八分，厚一寸五分。

文曰"永徽元年何"反文，"永徽"字已剥蚀，"何"字已损其口。

总章砖

长存五寸，宽四寸六分，厚一寸五分强。

文曰"总章元造年"五字在端。

永贞砖

三　长九寸弱，宽四寸，厚一寸二分。

文均在端，一曰"永贞元年"四字，下端"十二月□"三字；一曰"永贞元年"，下端"岁次乙酉"；一上端无字，下曰"十二月葬"四字。

宋

天圣砖

长八寸，宽三寸九分，厚一寸二分强。

文曰"天圣元年"在端。

纪年残砖

元年砖

长存四寸，宽五寸八分，左厚右薄。

文在右侧"□□元年八月十日造□□"，两平面均作席纹，间以古泉。

壬寅砖

长存六寸余，宽五寸二分，左厚右薄。

文在右侧"□□□□耂岁在壬寅冂"，下已断，按太康三年、咸康八年均值壬寅以前，太康其六、其七校之，是太康残砖也。

□康砖

长尺有五分，宽五寸二分，厚一寸五分。

文曰"□康二年八月卅日□翀□"，纹颇似晋砖。

丙戌砖

长存七寸，宽四寸五分，厚一寸四分。

侧纹存"年八月六日作"，下端曰"太岁在丙戌"五字。

已年砖

长存五寸余，宽五寸，厚一寸五分。

下截侧文存"已年八月廿五日起作"九字。

八月砖

长存七寸余，宽六寸弱，厚一寸八分。

下截侧文存"年八月十日造"六字。

其二　长存三寸五分，宽五寸，厚一寸四分。

文存下截"八月廿日"四字，下端有直格纹，背纹与□□□砖相类。

陈氏砖

长存三寸五半，宽六寸三分，厚二寸二分。

文在端"八月□日主姓陈"。

八月砖

长存六寸余，宽四寸五分，厚一寸二分。

文在侧，存下截"三年八月二日"六字，"日"作"田"，当时误。

其二　长存六寸余，下宽上狭，下五寸五分，上四寸余。

文在下端"𣎵子八月作"五字，两侧有泉纹。

李氏砖

长存六寸余，宽存四寸余，厚一寸五分。

文存"月十四日李民□"七字。

永字砖

长存七寸弱，宽存三寸余，厚一寸五分。

文在侧存"月十日作永"五字，下列一泉。

章氏砖

长存八寸余，宽五寸五分，厚一寸五分。

文在侧"年□□廿日章稼所作方"反文，左侧已剥蚀，仅"作郭"二字可辨，亦反文。

求氏砖

长一尺一寸五分，宽五寸五分，厚一寸五分。

文在两端，上端已损，存"十年"二字，下端"求正员明堂"五字，左侧作圆球花饰。

寅字砖

长存四寸余，宽存三寸余。

文存"岁在寅"三字，侧有花纹，背纹似太康等砖。

七日砖

长存六寸，宽五寸五分，厚一寸六分。

文在端，上列一鹿形，下曰"前七日"三字反文。

乙丑砖

存三寸余。

文仅"乙丑"二字，上下均已断缺。

甲子砖

存四寸余。

文仅"甲子"二字。

庚子砖

长存七寸余，宽□寸，厚一寸八分。

文在端"太岁在庚子"五字，"子"字已漫漶。

庚辰砖

长尺有六分，宽五寸二分，厚一寸六分。

文在两端，一曰"太岁庚辰年"，一曰"求弟五冢"，背纹与"□康砖"类。

庚申砖

长尺有二分，宽五寸二分，厚一寸六分。

文曰"太岁庚申年"五字在端。

壬寅砖

长粗四寸余，宽□，厚□。

文曰"太岁壬寅七月作"在砖端，背有泉纹。

其二　长存三寸弱，宽五寸八分，厚一寸八分。

文曰"太岁在壬寅"五字在砖端，侧存圆花一鱼尾纹寸许，背有泉纹。

□和砖

长一尺一寸，宽四寸八分，厚一寸六分。

文曰"□和元年□太岁□"八字，均反文，下已漫漶，首似"咸"字。

八月砖

长九寸五分，宽四寸七分，厚一寸四分。

端侧均有文字，仅"八月八"三字尚可审，余均漫漶不可辨。

□氏砖

长存七寸五分，宽六寸强，厚一寸八分。

两侧下端均有文字，侧文一存"月十日立冢贵□□"，仅六字可辨；一存"甲□氏造"四字，端曰"造壁长□□"五字，背有席纹，间以右泉。

己酉砖

长一尺二寸强，宽六寸，厚一寸八分。

文在端存"太岁己酉八月"六字，"八月"二字拓不甚显，两平画列花纹十二出，中间泉纹五，下端似凤形，侧缀以花。

丙申砖

长存四寸，宽六寸三分，厚二寸。

文曰"太岁在丙申九月作"八字，侧存虬尾纹，背存泉纹二。

甲子砖

长存六寸五分，宽五寸三分，厚二寸。

文在端曰"太岁甲子年"。

吉语

既寿考砖

长一尺一寸七分，宽五寸四分，厚二寸强。

文曰"既寿考宜孙子"六字在砖侧。

其二　长一尺一寸强，宽五寸四分，厚一寸四分。

侧文同前砖，"薄"字略小，上端列"万岁"二字。

富且昌砖

长一尺一寸五分，宽五寸强，厚一寸八分。

侧文曰"富且昌爵禄臻"，下端列"嗣长殷"三字。

万岁砖

长一尺一寸，宽五寸，左薄右厚。

左侧文曰"万岁不败"，上端"永秘传"三字。

其二（二）　长一尺一寸，宽六寸六分，厚一寸五分。

侧文与上砖同，上端列"万岁"二字，与百七十一砚同文异范。

其三　长一尺一寸八分，宽六寸强，厚二寸一分。

侧文同前，两面席纹间以圆镜式四，下端列一兽首。

寿万年砖

二　长一尺，宽四寸六分强，厚一寸五分；一厚一寸三分强。

文在侧曰"寿万年长子孙费"六字，两砖文同厚薄略异，一"寿"字已缺，"万"字亦漫漶矣，惟"费"字较前为显。

二千石砖

长一尺有四分，宽五寸三分，厚一寸四分。

侧文曰"大吉羊宜侯王二千石令长"，下端缀一泉，界以四线两头，有"大吉"二字。

其二（二）　一上截长存八寸余，一下截长存七寸余，宽四寸五分，厚一寸六分。

文在侧，上截存"大吉二千石至令"七字，下截文存"石至令丞"四字。

未央砖

长一尺一寸弱，宽五寸三分，厚一寸九分。

侧文曰"长乐未央"，"央"字倒文，上端列"富贵"二字，此吕向叔所赠。

令子砖

二　长一尺一寸五分，宽五寸三分，厚一寸七分。

侧文曰"令子贤者在父母率道以□"反文，两砖同一，"道"字较显，并存之。

福寿砖

长一尺，宽四寸七分，厚一寸六分。

文在侧"普宁康福寿"，"永"字篆文。

大吉砖

长一尺一寸五分，宽六寸，左厚右薄。

上端文曰"大吉昌公"四字，侧与下端均作直方文。

杂存

屠氏砖

长九寸四分，宽四寸五分，厚一寸二分强。

侧文曰"太平冢出富贵"六字，上端曰"屠**乌**作"。

李氏砖

长存五寸五分，宽四寸六分，厚一寸五分。

文在侧存"李二世孙"四字。

其二　长存五寸余，宽四寸六分，厚一寸六分。

文在侧，存"李潘瑾造"四字，上端列方胜纹。

谢氏砖

长存五寸余，宽五寸二分。

文在侧存"□上谢壁范"五字，"谢"字已剥蚀，似"计"字矣。

聂氏砖

长存四寸余，宽四寸五分，厚一寸四分。

文在侧存"□聂祚作"四字。

箴字砖

长存三寸余，宽四寸五分，厚一寸二分。

侧文存"📇"二字，上一字似"箴"字反文，下一字不可辨。上端似亦"文"字，不可识。

五朱砖

长存五寸强，宽四寸六分，厚二寸。

侧存五朱泉纹二，端作𠁥纹，同百世（卅）八砚。

太平砖

存四寸五分，长五寸，宽厚一寸三分。

文曰"太平□□□"，"太"字亦半损矣，此砖无甚可取。

如南砖

长一尺，宽五寸，厚一寸六分。

文在侧"□（似'巨'字）如南"三字，两端均作方胜纹。

武库砖

长存五寸七分，宽四寸五分，厚一寸二分。

文存"隶兴武库"四字反文。

天宜砖

长有五分，宽五寸二分，左厚右薄。

两端及右侧均有文字，不可强定，可辨者"天宜"二字，即以名之。

鱼砖

长尺有七分，宽五寸四分，厚一寸八分。

侧纹不可辨，以鱼名之。

双鱼砖

长尺有八分，宽五寸二分，厚一寸六分。

侧纹不可辨，以双鱼名之。

陈氏砖

长一尺，宽四寸六分，厚一寸二分。

文在侧"□陈章"三字反文，两头及上端均作方胜。

吴氏砖

长存七寸余，宽五寸二分，厚一寸五分。

侧文存"吴大吉宜子"五字，盖吴氏砖也。

求氏砖

长存五寸，宽五寸二分，厚一寸六分强。

文曰"求正员明堂"在砖端。

其二　长存五寸五分，宽五寸二分，厚一寸六分。

文曰"求安宁明堂"五字在端。

其三　长存六寸余，宽五寸，厚一寸六分。

文曰"求武库明堂"在端。

其四　长存四寸，宽五寸二分，厚一寸八分。

文曰"求重明明堂"在端。

其五　长五寸余，宽五寸三分强，厚一寸六分。

文曰"求逐安明堂"在端，"逐"字疑是"遂"字缺笔，两侧有虬龙纹。

其六　长存六寸余，宽五寸五分，厚一寸六分。

文曰"求尢曰（仅存上半）之明堂"六字在端，两侧亦有虬龙纹。

其七　长存六寸余，宽五寸二分，厚一寸八分。

文曰"求茂才明堂"。

其八　长存八寸余，宽五寸六分，厚一寸七分。

文曰"求道士冢"。

其九　长存四寸余，宽五寸二分，厚一寸七分。

文曰"求将军冢"。

其十　长存三寸余，宽五寸，厚一寸七分。

文曰"求万安明堂"。

其十一　长存四寸五分，宽五寸二分，厚一寸六分。

文曰"求西曹冢"在端。

其十二　长存四寸余，宽五寸，厚一寸五分。

文曰"求□奏作"，下略损，侧存鱼纹一。

其十三　长五寸余，宽四寸，厚一寸六分。

端曰"求公儿"三字。

其十四　长存三寸五分，宽存五寸，厚一寸六分。

文曰"求侯元嘉"，下未全。

其十五　长尺有八分，宽五寸二分，厚一寸四分。

上端文曰"求恭睿侧作"，直格中间一"宽"字，下端列一鱼。

其十六　长尺有五分，宽五寸，厚一寸五分。

两端均列"大宽"二字，左侧列"求颢"二字，下列泉胜一，小方胜二；右侧中列泉胜，两头缀以鱼。

其十七　长一尺强，宽四寸三分，厚一寸六分。

端文列"求轵"二字，两侧均作双鱼，间一泉，背列古泉，横直均贯以三线。

其十八　长一尺一寸，宽五寸五分，厚一寸七分。

上端曰"求广平冢"，下端列双泉贯以斜线，两侧作虬龙纹。

其十九　长存四寸，宽五寸五分，厚一寸六分。

端列"求功曹"三字，两侧一存"俞"字之半，一存斜胜纹。

其二十　长存五寸，宽四寸五分，厚一寸六分。

文曰"求野夫"在端。

其廿一　长尺有五分，宽五寸，左厚右薄，厚一寸七分，薄一寸二分。

文在两端，一曰"求延作"，一曰"大堵"，侧作斜纹直纹，中间一泉。

其廿二　长尺有五分，宽五寸一分，厚一寸六分。

文在端"求生方"三字反文，细审之，上似"雍"字，下端列一鱼，两侧及背纹与求轵、求广平冢相似。

丁氏砖

长存四寸余，宽五寸，厚一寸八分。

文曰"丁仪曹冢"在端。

其二　长一尺一寸，上锐下宽，宽处四寸五分，上端已损，厚一寸六分。

文曰"丁ф（似'氏'字）冢"，下端有花纹，惜已缺其半。

其三　长存四寸余，宽五寸一分，厚一寸六分。

文曰"丁遂昌明堂"在端。

其四　长存六寸，宽五寸余，厚一寸七分强。

文曰"丁宁都明堂"在端，"堂"字已缺其半。

其五　长五寸余，宽五寸弱，厚一寸七分。

文曰"丁南阳明堂"，两侧作虬龙纹。

其六　长存四寸五分，宽五寸三分，厚一寸八分。

文曰"丁库部明堂"在端。

其七　长存四寸余，宽五寸五分，厚一寸八分强。

文存"丁浦杨母"四字，下已损在端。

其八　长存四寸五分，宽五寸二分，厚一寸六分强。

文曰“丁左库明堂”在端，两侧作虬龙纹。

其九　长尺有五分，宽五寸二分，厚一寸六分。

文在端曰“丁监市冢”四字，下端列一鱼，左侧列双鱼，中间一泉，右侧作直纹。

其十　长存四寸五分，宽五寸三分，厚一寸六分。

文曰“丁道士□”在端。

其十一　长一尺一寸，宽五寸五分，厚一寸八分。

文在端曰“丁中汤冢”四字，下端列双泉，界以斜线。

其十二　长存六寸，宽五寸六分，厚一寸八分。

文曰“丁五官”三字在端。

其十三　长存五寸余，宽存三寸余，厚一寸六分。

文存“丁令”二字反文。

其十四　长存三寸余，宽五寸，厚一寸七分。

文曰“丁值兵”三字在端。

其十五　长一尺一寸强，宽五寸二分，厚一寸五分。

上端曰“丁西□□”四字，下端作直纹，左侧于直纹中间一泉。

儿字砖

长尺有六分，宽五寸二分，厚一寸六分。

文在两端，一曰“儿家明堂”，一漫漶不可辨，侧有虬龙纹。

其二　长存五寸，宽五寸，厚一寸七分。

文曰“儿家明堂”，“堂”字已半损，侧作花纹。

其三　长存六寸余，宽五寸五分，厚一寸八分。

文曰"儿中良妻冢"在端侧,有虬龙纹。

其四　长存尺有五分,宽五寸,厚一寸五分。

上端列"儿禁冢"三字反文,下端列半圆花。

其五(二)　长均存四寸余,宽四寸,厚一寸二分。

文在端曰"儿冢"二字,文同范小异,并存之。

其六　长尺有八分,宽五寸二分,厚一寸七分。

上端有"儿新兴儿冢"五字,下端列双泉贯以四线,两侧中列泉胜各一,两头作▨纹。

其七　长尺有八分,宽五寸二分,厚一寸八分。

文在端"儿浦阳明堂"五字,"卩"作"q",反文。下端半缺,存一泉,两侧作虬纹。

赵氏砖

长存三寸六分,宽五寸二分,厚一寸八分。

砖文曰"赵监冢",侧文存"□氏□"。

其二　长存五寸余,宽五寸二分,厚一寸九分。

文曰"赵建宗父冢",反文。

其三　长六寸余,宽五寸二分,厚一寸六分。

文曰"赵正直明堂"五字,"堂"字已缺下半。

黄氏砖

长存四寸,宽存三寸余,厚一寸七分。

文存"黄参军"三字在端。

其二　长存五寸余,宽存四寸余,厚一寸六分。

文在端存"黄将军"三字，下已断。

参军砖

长尺有二分，宽五寸，厚一寸七分。

文在端"□参军□"，下端作双泉，界以斜线。

其二　长六寸五分强，宽五寸五分，厚一寸七分。

文在端"公孙□□参军"，两侧有虬龙纹，惜拓不显。

陈氏砖

长存六寸余，宽五寸三分，厚一寸八分。

文曰"陈法师明堂"在端。

其二　长四寸余，宽五寸，厚一寸六分。

文曰"陈参军明堂"在端。

其三　长存六寸余，宽五寸一分，厚一寸六分。

文曰"陈集冢"三字在端，"陈"字左作"ᚱ"。

其四　存三四寸。

文存"阵作成"三字反文，"阵"即"陈"字，侧存龙尾纹。

乘氏砖

存四寸余，宽二寸余。

文曰"乘郎中圹"。

其二　长存四寸余，宽五寸，厚一寸六分。

文曰"乘广平"三字。

其三　长存六寸，宽四寸五分，厚一寸七分。

文曰"乘息"反文，"息"字似"息"字。

严氏砖

长一尺一寸三分，宽四寸五分，厚一寸九分。

文在端曰"严辽阳自作"。

其二　长存五寸余，宽五寸，厚一寸六分。

文曰"敢新城堂"四字在端。

其三　长存五寸余，宽五寸二分，厚一寸七分。

文曰"厰殿中堂"在端。

何氏砖

长五寸余，宽五寸四分，厚一寸七分。

文曰"何从事明堂"在端。

其二　长存五寸余，宽四寸八分，厚一寸六分。

文曰"何思亲冢"四字。

孙氏砖

长存四寸五分，宽五寸二分，厚一寸五分。

文在侧存"孙骋起功"四字，左侧有鱼尾纹，半端列三泉。

明堂砖

长存四寸，宽四寸五分，厚一寸八分。

文曰"通事明堂"在端，侧存龙尾纹三寸许。

其二　存四寸，长宽二寸五分，厚一寸八分。

文存"建安明堂"四字，"建"字上已断。

其三　长存三寸余，宽五寸七分，厚一寸七分。

文存"清河明堂"四字，上已损。

长乐砖

长存三寸余，宽五寸，厚一寸五分。

文存"长乐□冢"四字，上半已损，侧有虹纹尾寸余。

玉堂砖

长存六寸，宽五寸，上薄下厚，薄处一寸。

文在端曰"波若臾之王堂"。

大宽砖（二）

一长一尺一寸三分，宽五寸四分，厚一寸八分；一长一尺一寸，宽五寸四分，厚一寸三分。

侧文曰"大宽弟一堵弟二相弟三枯"，一稍薄，文同，惟"枯"字下多一"中"字，右侧均作直线纹。

其二　长尺有五分，宽五寸四分，厚一寸五分。

两侧及上端均作直线纹，侧纹中一间以"大宽"二字，一间以泉纹一。

其三　长存三寸余，宽五寸四分，厚一寸六分。

文曰"大宽"二字在端。

其四　长存六寸余，宽五寸，厚一寸七分。

文在端曰"大宽"。

其五　长存五寸余，宽五寸，厚一寸五分。

文在端与前同，惟侧无花纹。

其六　长存六寸，宽五寸二分，厚一寸六分。

文在端仅一"宽"字。

其七　长存四寸余，宽四寸六分，厚一寸六分。

文曰"宽中"在端。

其八　存数寸。

文仅"宽七"二字。

功曹砖

长存五寸余，宽五寸，厚一寸五分。

文曰"功曹□"反文，"功曹"字亦已损其半，两侧均有鱼纹。

袁氏砖

长存四寸，宽五寸，厚一寸八分。

文曰"袁□曹"三字在端。

其二　长存五寸，宽五寸，厚一寸六分。

文曰"袁晟作"三字在端。

黄氏砖

长存四寸五分，宽四寸二分，厚一寸五分。

文曰"黄文贱"三字在端。

疾字砖

长一尺，宽五寸，左厚右薄。

文在端仅一"疾"字。

大绪砖

长存五寸，宽五寸，厚一寸五分。

文在端"大绪"二字反文。

积谷砖

长尺有六分，宽五寸一分，厚一寸九分。

左侧文曰"慎□□□千积谷千万石"，右侧作双鱼，两端作方胜纹，背作席纹，列小泉五。

杨氏砖

长一尺一寸五分，宽五寸五分，厚一寸九分。

文在端"杨□□"三字反文，下一字似"姥"字，正文下端胜纹，左侧直线，右侧一鱼一泉胜，背亦泉纹。

大疾砖（二）

一长一尺一寸三分，宽五寸，左厚右薄；一长六寸余。

一文在端仅"大疾"二字，侧作直线纹，间以小泉三枚；一文同侧存一鱼一泉，左侧作直线纹。

胡氏砖

长存五寸，宽存二寸余，厚一寸七分。

文在端存"胡东"二字。

杨字砖

长存二寸许，宽存四寸，厚一寸五分。

文存一"杨"字。

韩氏砖

长存三寸余，宽存三寸，厚一寸五分。

文存"韩菻"二字，侧有斜方纹，背有泉纹。

先生砖

长存二寸余，宽五寸五分，厚一寸六分。

文在端曰"□□闾先生"。

永氏砖

长存五寸余，宽五寸二分，厚一寸七分。

端文曰"永堇元明"四字反文，侧存直方一泉纹一。

任氏砖

长一尺，宽五寸四分，厚一寸七分。

端文曰"任伯进"三字，下端列双泉。

庄氏砖

长存九寸，宽五寸五分，厚一寸七分。

端文"庄建安冢"四字，两侧作虬龙纹。

徐氏砖

长存六寸余，宽五寸，余厚一寸八分。

端文曰"女官徐道士"。

黄字砖

长存五寸余，宽存三寸弱，厚一寸六分。

文存"黄□"二字，侧存一鱼，下一"贡"字不可识。

化乡砖

长存七寸余，宽五寸，厚一寸八分。

文存"化乡瑶□金□"六字。

朱氏砖

长一尺一寸三分，宽五寸八分，厚一寸七分。

上端作双泉纹，中曰"朱□□"三字，两侧均作双鱼，中间一泉，下端亦作一泉一鱼。

明堂砖

长存五寸余，宽五寸二分，厚一寸六分。

文在端"□明堂作"四字，已漫漶，两侧均作虬龙纹。

毕字砖

长存二寸余，宽五寸五分，左厚右薄。

文在右侧存"毕此是疾"四字，"此"字亦损其半矣。

唐氏砖

长存五寸余，宽五寸三分，厚一寸八分。

文曰"唐道士明堂"，"堂"字已损。

曹氏砖

长存六寸，宽五寸，厚一寸六分。

文曰"曹直厢明堂"反文在端。

章氏砖

长一尺一寸，宽五寸二分，厚一寸五分。

上端曰"章光之冢"，下端列一鱼。

七寸砖

长存四寸余，宽五寸五分，厚一寸五分。

端文曰"长尺七寸"，背存双泉，侧有直线纹。

方氏砖

长存五寸余，宽五寸四分，厚一寸六分。

端文曰"方元十方作"，"**大**"或疑是"才"字，下端列一鱼，侧纹亦存一鱼。

判县砖

长存四寸余，宽存三寸余，厚寸六分。

文曰"判县五"三字反文。

神堂砖

长存五寸，宽五寸，厚一寸六分。

端文"慎中正神堂"五字，侧存"凤皇旦"三字，"旦"似"里"字，下已断。

青龙砖

长存三寸余，宽五寸二分，厚一寸七分。

文存"青龙□"三字。

方氏砖（二）

一长一尺，宽五寸，厚一寸五分；一长存五寸，宽五寸五分，厚一寸九分。

文在端曰"道士方"，下端列小泉二，甚精；一仅一"方"字。

禅林砖

长存六寸余，宽五寸，厚一寸七分。

端曰"禅林寺"反文，两侧均有虬龙纹。

杂砖（四）

一长五寸余，宽四寸，厚一寸五分；二存三寸余；一长存六寸余。

一曰"弟三斧"反文，一曰"弟五"，一曰"四斧"，一曰"斧弟二□"反文，两侧作鱼泉。

其主姓砖

长存六寸，宽五寸三分，厚二寸。

端列二泉，中间"其主姓"三字，背纹存古泉四。

富贵砖

长存四寸余，宽存四寸五分，厚一寸六分。

文存"富贵乡"三字。

苏氏砖

长六寸五分，宽五寸八分，厚二寸二分。

端列一人，两平面均作席纹，中各间以"苏"字三。

五百泉砖

长存六寸余，宽五寸六分，厚一寸六分。

端列一人，侧作虬龙纹，两平面列五百泉文三。

人面砖（二）

一长一尺一寸二分，宽五寸强，厚一寸八分；一长存四寸，宽五寸七分，厚一寸七分。

一端列人形，背作席纹间以泉；一端列人形，背似缀以十二生肖。

花砖四（二）

上锐下宽，二已断损。

四砖均无可辨，姑存之。

穷利无尽。

八琼室甋砖砚录

八琼室甇砖砚录·古砖录

吾邑陆星农先生巍科雅望，海内腾声，于金石篆籀之学尤所深究。《八琼室金石补正》一书自吴兴刘氏剞劂之后，久已风行。风行遐迩，其篆墨集诂之作，卷帙亦富。稿本藏太仓图书馆，惜有阙佚矣。此百砖砚录、古砖录手稿两种，寇乱初平，余辗转购得之。比亦鬻归公有，按《太仓州志艺文目》著录，是书名《三百砖砚录》，而不及古砖录。以余经眼各家所藏八琼室砖砚文字及所镌记，与此录无不吻合，疑州志有舛讹也。其砖砚之在二百号以外者，虽亦有所见，然制作恶劣，与前者迥异。盖陆氏旧藏本在千甓以上，日寇入城之初，一旦尽为匪伪所掠，有某某等得不中砚材之砖，琢字第于二百以下，借符州志艺文目三百砖砚之数，其作伪非不巧，然识者自能辨之。至古砖录中所收完整残缺各砖，余前后亦得十数块，与录中记载亦无不合也。廿年以来迭经变故，欲按图而索已属大难，手录副本仅备浏览而已。原稿古砖无总目，余为之补列云。

——丙申立秋前二日，邑后学狄辰书于安然斋

八琼室甋砖砚录

太仓陆增祥魁仲甫著

第一砚

凤作砖

长九寸八分，宽五寸，厚一寸一分，上端镌“慎伯赠，若侯志”，下端镌“陆氏八琼室藏砚第一”。

两侧均有文字，一正一倒，右侧“太岁”字作“泰”，左侧篆文，“年”作“[illegible]”，“堂”作“坣”，两平面均有席纹，并列大泉五十泉三枚。

跋云：凤作砖文曰“泰岁戊申□七□五日凤作补访碑录载之”，左侧又有题字云“太康八年八月三日胡明堂八年”，是丁未与戊申不合。按吕氏所藏永和砖侧有“延平元年”字，赵氏所藏延安砖侧有“升平五年四月”字，盖用旧范改制者，正与此同。“明坣”即墓之别称，如“元坣”之类。——星农志。

近又得元嘉李氏砖，亦用旧范为之，详见后。“泰太”一字，而“太岁”作“泰”，仅见于此。席纹与赤乌砖相似，有大泉五十泉二枚，一已平曼。《礼记·檀弓》：“明器，神明之也。”《礼记·郊特牲》明酉也注云，名曰“明者，神明之也”，释名“送死曰明器，神明之器异于人也”。《淮南·兵略篇》设“明衣”，注云“明衣，丧衣也，在于阍冥”，故言明墓称“明堂”与“明器”“明衣”同意。“坣”古文“堂”，见《说文》言“堂”者，取宽平之义，即《诗》“有纪有堂”之“堂”。

第二砚

大吉宜子砖

长一尺一寸强，宽五寸，厚一寸八分，额镌"庚午十月得于长沙，星农"。左侧镌"第二砚"。

文列下端，篆文反书，右侧作古泉斜胜纹。跋云：大吉宜子砖，咸丰初长沙修城发土得之。背作粟纹，晋人圹中物也，或以为长沙定王时所造，审之不似汉人手笔。《金索》载汉锭有题"大吉宜子字"者，与此正同。

第三砚

鲁仓砖

长一尺弱，宽五寸，厚二寸，额镌"鲁仓砖"三字，边记"第三陆氏之砚"，下端云"壬申夏黄昌岐赠，星农藏"。

上端列五铢泉三二枚，"铢"字已漫漶。跋云：同治辛未楚北兴国州乡人掘土得粟窖，窖置米百余石，四周缭垣，悉用此砖。上端有五口泉二枚，当是五铢背有罗席纹，侧文亦朴茂。砖不一范，五铢泉文上下左右无定所，别无文字。考其地为子敬故宅，今犹呼为鲁府坪，其为孙吴时所造无疑也。米纯黑而坚，百煮不烂，亦不变色。用以疗疾能消滞，息火试之辄验，千余年物非它品所可及，亦异事焉，并识之。若侯。

第四砚

富贵砖

长存尺余，宽六寸三分，厚一寸八分，额题汉"甄公石室砖"，边记"第四砚星农藏"。

上端列泉文二枚，中间"富贵"二字，右侧存"富且贵至万"五字，上中亦列泉文二，均篆文。跋云：砖侧列"富且贵至万世"六字，此已断缺，余详第五砚题字。砖背麻布纹，极细，质亦细润宜墨。方小东刺史云庚午冬日访得此砖于元武湖西二里许，迈皋桥左盘龙山麓古冢沟内，土人称为"周郎墓"。据南史宋何承天定为"西汉大司徒甄邯之墓"，公瑾墓在舒城，"周郎""甄邯"声相近，土人无知，故讹传也。或云"地迩幕府山，当是晋诸陵物"，夫曰"诸陵"则用"千秋万岁"字，曰"富且贵"则气象太小，必非帝王已。或云"南朝张永开元武湖遇古冢"，当与湖近，不知《元和郡县志》载湖周回二十五里，《一统志》称湖周四十里，今在二里之外，亦殊近尔。《六朝事迹》引《图经》云"甄墓在县北七里后湖之侧"，然宋之江宁县在今之北门桥，桥距今神策门四里，出门至迈皋桥三里，正七里也。予收得断砖末，一钱孔下横一"五"字，是"新莽大货泉"五字者，编号非大泉五十、五百、五千及五铢，残文见近时利津李太守佐贤《古泉汇》，且循环皆列钱饰，上下有麻布文，六朝以下无此制作。莽时甄丰、扬雄、刘歆皆工篆，其各种刀布可见，兹篆浑古负满，实有其法，定为甄公石室之砖无疑。而史载有一石铭"大司徒甄邯之墓"七字，南宋张敦颐纂《六朝事迹》已云未详所在。乾隆中叶严观著《金石待访目》亦是，未见，予亦何幸按图计里搜得久亡名迹如是邪？石铭必在不敢追寻矣。右方小东说镌刻砖背，小东名朔，怀宁人，著有《枕经堂金石题跋》，能为分隶，酷似杨已军，好奇之士也，尝以《吴仓城砖考录》寄余审考之，仓砖乃赵宋时所造耳，因录兹砖跋类附及之星农。

第五砚

其二长五寸，上宽三寸五分，下宽四寸五分，厚一寸六分，右侧镌"第五砚，八琼室陆氏藏"，左侧铭曰"多金匪富文为富，美玉匪贵德乃贵，其

德茂，其文蔚，是天下之真富贵也，永保兹冈攸暨。若侯氏铭"，下端记
"同治辛未夏碑估袁姓者携以来湘售而制为砚，出墨细润，费我万钱，奚
惜焉"，背镌"砖出白门盘龙山麓，相传以为周郎墓，方小东考为甄邯石
室，以隶法审之出汉人手笔无疑。砖凡百数十块，余得其三。或云砖出丹徒
摄山之足，又有指为晋诸陵者，殆非。陆增祥志"。跋云：砖端列"富贵"
二字与前砖同，又虬龙砖一（尺寸形制与上相似，右侧镌"汉甄公石室砖若
侯"，左侧铭曰"温其德黝其色不以文字饰，是为龙天之羽翼"）。

跋云：此砖虽无文字，虬龙有飞动之势，非后人所能仿佛，亦有在砖侧
者，余未之得。又与上砖相间，而列如园桥。

第六砚

桂氏砖

长一尺一寸五分，宽四寸八分，厚一寸八分。额镌"同治癸酉三月，郭筠
仙赠星农"，下端记"第六砚砖出湘阴"。

右侧文曰"大明七年六月甲辰朔廿一日"，"桂氏"作左侧，分三格列泉
纹三枚，各以斜线双系之。跋云：辛未冬，湘阴县南仁和垸民取土培堤，
得此砖数十块。大明七年刘宋武帝即位之十年六月甲辰朔，与《通鉴》目
录合，按旧志称其地为唐故城，又谓刘宋故城在县西北五十里，得此砖，
足证其误矣。新志定其地为梁故城，或宋因其旧而缮葺之，乃造此砖也。
郭筠仙前辈称为黄华故城砖，以垸堤东北高阜土人呼为"黄华岭"耳。湘
阴县置于元徽二年，大明间未有是县，或即罗邪？砖不一范，亦非一人一
日所觥。筠仙所藏为茹氏所作，它砖亦均异，其非墟墓中物决无疑义，以
为故城砖者近之。

第七砚

未央砖

长存五寸强，宽五寸，厚二寸，下端镌"第七砚，若侯"。

侧存下截"未央"二字篆书。

跋云：砖仅半截，存"未央"二字，出定王台故址，辛未夏得于长沙市上。

第八砚

宜子孙砖

长存六寸，宽五寸，厚二寸。边镌"第八砚砖出长沙北郊井中，若侯"。

文在端，侧存斜方胜泉纹各一。跋云：壬申出土施砺卿赠，砖文反书，"孙"字右系左子，与"盍氏镜利孙子"字同。

第九砚

永和砖

存四寸五分方，厚一寸九分。镌记"第九砚，若侯"。

文存"永和四"三字，"年"字仅存二笔矣。跋云：汉顺帝、晋穆帝皆号"永和"，此殆晋人所造。庚午嘉平在湘西堀得之，同时所出或题长寿字，或题阳字，酥蚀不中材。此砖独坚如铁，琢为砚，亦细润可爱。

第十砚

长乐未央砖

长尺有五分，宽五寸三分，厚一寸五分。镌记"第十砚，八琼室陆氏珍藏"。

文在侧，篆书"乐"作"**槑**"。跋云：《明统志》云"长沙定王庙在府城东门外"，砖出东郊，按图稽考，正直其地《寰宇记》云"定王庙连冈一丈，俗谓之定王冈"。

第十一砚

普通砖

长一尺一寸有二分，宽五寸二分，厚一寸六分。额镌"乐氏墓砖，**洤**大梁，长沙出土。岁昭阳，若侯作铭，无多文。第十一砚，精且良"，下镌"八琼室陆氏藏"。

文曰"梁普通元年"，反文列砖端，右侧作菱花纹。跋云：癸酉三月砖出南门外圭塘北冲月亮坡王氏居民之后，色赤而坚致，普通元年，武帝即位之十九年也。

第十二砚

乐氏砖

长一尺一寸强，宽五寸二分，厚一寸四分。额镌"乐氏之砖，普通年，十二佳砚，次第编。星农"。

文曰"乐记室墓"，"乐"作"楽"在砖端。跋云与前砖同出一圹，按萧业以天监二年袭爵长沙郡王，普通中薨乐君，盖其属官言"记室"，不言"参军"者省文。侧纹作虬龙形，亦朴茂。

第十三砚

普通砖二

长一尺有六分，宽五寸二分，上厚二寸五分，下厚一寸二分。镌记"乐氏砖第十三砚，陆若侯藏"。

文同十一砚，列下端。跋云：与十一砚同，唯上厚下薄，盖施之圹顶者。"通"字中书卅穿传彻，边亦小异。

第十四砚

殷氏砖

长一尺一寸六分，宽五寸八分，厚一寸八分。镌记"八琼室第十四砚"，下端云"记癸丑不记建元，疑梁人之殁于隋者。——若侯志"。

文曰"大梁太岁癸丑殷氏墓"。跋云：幽都府路县令边敏墓志盖题曰唐，而文内书丙戌卒庚申葬，不书建隆元年；左武卫中郎将户暎墓志盖题大汉，而文内书甲子葬，不书乾德二年，此砖正与之同。其时萧琮已亡六载，犹以大梁冠之，示非隋臣，惜其名不可考矣。或以属之中大通五年，亦无不合，惟时无他故，何以不书纪元？六朝尚少此习。

第十五砚

大吉昌砖

长一尺一寸四分，宽五寸，厚一寸八分。镌记"第十五砚又铭三十六言。星沙乡，砖昭彰。大吉昌，宜侯王。铭一行，汉语详。椭以方，质而刚。宜文章，砚惟良，韫而藏。——陆增祥"。

文曰"大吉昌宜侯王"，"王"作"壬"，六字，分为两截，中有界格二，上下两头亦如之。跋云：砖文反书，"王"字中书特长，鲁峻碑阴壬端子行隶辨云即"王"字，《穀梁传》文"七年宋公壬臣卒"，《左传》《公羊传》皆作"王臣"。据此碑"王"书为"壬"，"壬臣"即"王臣"，传为讹耳！案鲁峻碑阴尚有"士辅子助壬□少□"，武梁祠画象题字"秦壬"，亦如此作，不独壬端也。《左传》文七年定四年，释文并云"王本"或"壬"。《汉书》古今人表顷王王臣，《史记》周记作壬臣，是"王"之作"壬"，历有征信，自误读为"壬癸"，字遂变横为撇，截然分为两字矣。"壬"与"王"不可通假，特未深究耳。

第十六砚

何氏砖

长尺有五分，宽五寸二分，厚一寸六分。镌记"第十六砚"，又"宋泰始砖，陆星农制"八字在砖侧。

侧文曰"泰始六年立"，上端列"何氏墓"三字，下端列古泉纹一。跋云：晋武帝、宋明帝均以泰始纪元，按晋书太康元年镇南大将军杜预进逼江陵，于是沅湘以南至于交广吴之州郡，皆望风归命。是武帝初年长沙尚未属晋，此盖宋明帝之"泰始"也。至宋氏帅赵广、前蜀陈道养亦号"泰始"，尤可决其非。汉武帝及伪汉侯景则其字作"太"，"太泰"虽通而皆无六年。

第十七砚

桓氏砖

长一尺一寸，宽五寸四分，厚一寸八分。镌记"同治十二年出长沙南城外，若侯得之，琢为第十七砚"。

端列"齐永明三年"五字，此砖"三年"字已剥蚀，侧文曰"桓幽州八世孙之墓"，背纹麻布甚细。跋云：砖出石马坡罗家冲，侧题桓幽州八世孙之墓。官阶卑末，冠以先世显秩，志铭中恒有此例。魏桓阶、吴桓彝、晋桓陵桓雄均籍长沙，遍检史传无官幽州，其人或殁后追赠，史不致详，今无可考也。惟《桓阶传》云祖超父胜，皆历典州郡，岂所称桓幽州者为阶之祖若夫耶？南齐金石绝少流传，妙相寺造维卫佛背题字外无闻焉，得此殊为可喜。唯理粗质暴，阮文达所谓"火气不交坯不孰者"，殆亦类是。徐寿蘅云前于都中曾见一砖题"幽州刺史桓使君墓"八字，亦未考得其人出土时地，均不致详。

第十八砚

其二　长宽同上，厚一寸五分，镌记"第十八砚，若侯"。

文同十七砚，惟"三年"二字较完美。跋云：文字与前砖同，而字体不同，别一范也。前砖缺三字，据此证之"永明"为武帝年号。

第十九砚

其三　长存三寸五分，宽五寸五分，厚存一寸二分，镌记"第十九砚，若侯"。

此砖上厚下薄，文在下端仅"齐永明三年"五字。跋云：此亦桓氏墓砖也，上厚于下，侧无字，截其半以琢为砚。

第二十砚

常宜子孙砖

长一尺有五分，宽五寸，厚一寸六分。镌记"八琼室陆氏之砚第二十，星农"。

侧文曰"常宜子孙"篆书，上端列"大吉"二字，"宜"作"回"，"吉"作"十口"，几似"十口"二字。跋云：《说文》"常"下裙也，长久远也，以"常"为"长"，古通借，汉竟名云"长宜子孙"，此作

"常"，似异而实同。二千石竟名云"常乐无亟"，即"长乐无极"也。东阿竟名云"常保二亲"，它竟多作"长保、长生无极"。瓦当亦有作"常生"者，日光竟名云"常乐未央""长毋相忘"，两字兼具。故"长常"并用之，凡经典"常"字训恒训久者，皆"长"之通借，《毛诗·文王》郑笺云"长犹常也"，白虎通阴终阳，始其道"常久"，故曰"常山"。是"常山"，字本作"长"，亦借"常"为之。建初元年昆第六人买山地记，上方列"大吉"二字，知汉人营葬习用之，不独施诸器物铭也，砖文正与之同。"吉"字中缺一笔，却非残泐，范固如斯耳。得此砖十余块，比比皆然。或疑避家讳之故，恐非。余所得砖又有"常乐子孙、常宜侯王"，皆"长"之段借字。

第二十一砚

其二　长一尺，宽五寸四分，厚一寸八分，镌记"第二十二砚，若侯"。砖文同前，审字体则出两范。跋云：文同前砖，"子孙"二字均与前异，右侧上多一十字。

第二十二砚

永佑子孙砖

长一尺一寸八分，宽五寸五分，厚二寸，镌记"第二十二砚，若侯"。砖侧列"永佑子孙"四字，上端列"大吉"二字，均篆文。跋云：古字有"右"无"佑"，然经传多用之，亦屡见于汉碑。"永佑"犹言永保也，上端亦列"大吉"字，出长沙刘阳门外黄公塘。

第二十三砚

其二　长一尺一寸八分，宽五寸六分，厚二寸二分。镌记"八琼室藏砚第二十三"。

跋云：文与前同，反书为异，上端作"太吉"，亦复不同。古"大太"通用，出刘阳门外贺家塘风水坪。

第二十四砚

其三　长一尺有二寸，宽五寸六分，厚二寸二分。镌记"八琼室藏砚第二十四，癸酉冬若侯作"。

砖文同前，字体较大，别出一范。跋云：字体茂满，砖文所仅见。砖亦最厚，亦出黄公塘。

第二十五砚

长宜子孙砖

长尺有四分，宽五寸一分，厚一寸九分。镌记"第二十五，星农所得"。

侧文曰"长宜子孙"，上端曰"佑利"，均篆书，"佑利"二字篆法尤圆劲。跋云：长宜子孙砖上端列"佑利"二字，《易》曰"自天佑之吉，无不利义"，盖取诸此？此砖仅获一枚，它姓亦未之得，非新出土者。《易》作"祐"，"祐"与"佑"通书，"皇天眷佑"，有商用"佑"字，《易·击辞》"自天祐之损卦，自上祐也"。《诗·小明》笺"神明若祐而听之"，释文并云本作"佑"，"无妄天命不佑"，释文云本作"祐"，一切经音义云"佑"，古文"𨵿佑"二形。

第二十六砚

永佑砖其四

长一尺一寸三分，宽五寸五分，厚二寸。镌记"八琼室第二十有六砚，若侯"。

文同前，亦反书，"孙"字作"𨤪"。跋云：与廿三砚同，惟"孙"字少异，亦出风水坪。

第二十七砚

其五　长一尺一寸八分，宽五寸八分，厚一寸九分。镌记"八琼室第二十七砚"。

此与前数砖异，亦别范为之。跋云："佑子孙"字均与前砖殊，亦同文异范者，大字较长。

第二十八砚

石羊砖

长一尺一寸八分，宽五寸六分，厚二寸。镌记"第二十八，若侯氏藏"。

砖端列"富贵"二字，侧文曰"石羊作"，𤰞篆书。跋云：就此砖言之，是"石羊作两"四字，字间一线，古文"两"字本无上一横也，唯谊不可晓耳。或云末一字是用石羊人名言作复言用者，犹三代铭器言作尊𠦪，又言永保用也。

第二十九砚

徐氏砖

长一尺一寸强，宽五寸四分，上薄下厚，上端一寸，下端二寸二分，镌记

"第二十九，若侯"，元嘉徐氏砖。

文曰"宋元嘉十八年"列上端，侧文有一"徐"字，盖徐氏墓砖也。跋云：砖杂土砾为之，质脆易裂，砖出无多，收得五六块，而徐字明显者仅仅有此，出刘阳门外长冲岭。

第三十砚

富贵宜砖

长一尺一寸，宽五寸五分，厚一寸八分。镌记"第三十砚，陆氏藏"。

侧文曰"富贵宜"，下列泉纹一枚，以四线斜击之。"富"作"畐"，"宜"字借横格及边线为之。跋云：富贵宜砖，左侧下端亦列"大吉"二字，出南门外黄土岭七里庙。

第三十一砚

天字砖

长一尺有九分，宽五寸，厚一寸六分，镌记"程初持赠，若侯琢为砚，第三十一"。

砖端列一"天"字，右侧作圆泉花饰，以斜直线贯之，背纹麻布极细。跋云：砖出湘西，仅一"天"字反书，当是匠人所记之号次也。

第三十二砚

富贵宜子孙砖

长一尺一寸二分，宽五寸七分，厚二寸，镌记"陆氏之砚，第三十二"。

文在侧，反书"富贵宜"三字篆体，合并▦几不可识，"子"字亦多一横，"孙"字左右亦并借。下端列小泉二枚，中间斜胜，上端作ψ。

第三十三砚

宜子孙砖二

长一尺一寸二分，宽五寸五分，右厚左薄，镌记"第三十三砚，若侯"。

文列两端，左侧作斜方纹。跋云：右厚左薄，两端皆有"宜子孙"字。

第三十四砚

富贵宜子孙砖二

长一尺一寸三分，宽五寸五分，厚二寸，镌记"第三十四砚，若侯"。

文列砖侧，"富"作"畐"，"孙"作"孙"，上端"大吉"二字，"大"作"六"，几成"六"字，下端列"周氏作"三字反文。跋云：砖为周氏所作，或释为周尹，误刃反书为正文矣。"宜"字缺泐，据后砖定之，砖出刘阳门外黄公塘。

第三十五砚

其三　尺寸同前，镌记"第三十五砚，若侯"。

跋云：与前砖同，而文在左侧，两端字亦左向，盖分列于左右者。

第三十六砚

元嘉砖

长一尺一寸，宽五寸五分，厚一寸四分，镌记"第三十六砚，星农"。

文列左侧，跋云：砖为土蚀，文字不显，谛审之，是"宋元嘉十七年五月作"九字，左上角损阙，"宋"字半存，出南门外雨花亭毛坡。

第三十七砚

虞氏砖

长一尺二寸三分，宽六寸四分，厚一寸九分，镌记"八琼室所藏砚第三十七"。

侧文曰"宋元嘉廿六年"，上端有一"虞"字。跋云：癸酉出砖，此为最巨，出南郊黄土岭。

第三十八砚

元嘉砖

大小同前，镌记"第三十八砚，八琼室陆氏藏"。

侧文同前，唯无"虞"字，跋云：疑亦虞氏墓砖，而上端无字。

第三十九砚

升平砖

存五寸，长四寸五分，宽厚一寸四分，镌记"第三十九，星农之砚"。

文在砖反书，笔极秀劲，侧存古泉一枚，线幕约三寸。跋云：存"升平五年七月廿"七字，余曼灭。升平五年晋穆帝在位之十七年，是年五月丁巳帝崩于显扬殿，年才十九耳。哀帝即位，以明年为隆和元年，奉皇太后令也。甲戌正月吕尚之持赠，乙亥二月题。

第四十砚

王氏和平砖

长存五寸强，宽处存三寸七分，厚二寸，背镌"陆氏藏砚第四十，若侯"。

文曰"王氏和平囗年"反书，侧作蕉叶纹。跋云：汉桓帝元、魏文成帝皆号"和平"，文成时长沙尚不属魏，近出刘宋大明泰始砖亦其明证，正魏号和平时也，此为汉桓时物可无疑矣。至前凉张祚亦尝以和平为号，尤非其地砖，非近时所出于民舍墙隅，得之归于武进庄氏。余以六朝砖四五枚易之，闻庙宇墙足尚有一二块，可见而不可取也。"王"下当即"氏"字，"年"上当是"元"字。

第四十一砚

石羊砖二

长一尺一寸，宽五寸四分，厚一寸七分，镌记"陆氏第四十二砚"。

跋云：与廿八砚同，而文在右侧，上端无"富贵"字。

第四十二砚

其三　长一尺一寸，宽五寸四分，厚一寸八分，镌记"第四十二砚，若侯氏"。

侧文同前，跋云：上端列"长宜"二字，与前砖不同，"作"字反书，两字亦微异。

第四十三砚

其四　长一尺一寸，宽五寸一分，厚二寸，镌记"第四十三"。

与前砖同文，惟"作"字正书，"长"作"**镸**"。跋云：上端亦题"长宜"，少一笔便成"辰"字，是范异非文渑也。

第四十四砚

其五　长一尺一寸二分，宽五寸一分，厚一寸六分，镌记"第四十四砚，若侯"。

端列"石羊"二字。跋云：文在上端反文，下端作一"十"字，左侧蕉叶纹与和平砖相似。

第四十五砚

其六　长一尺有八分，宽五寸，厚一寸八分，镌记"第四十五砚，若侯"。文在左侧，"甶"字作"毌"。跋云：末一字不可识，"作"字亦反书，下端凿二方空，似接缝处。

第四十六砚

桓氏砖

长存五寸，宽三寸八分，厚一寸六分，镌记"第四十六砚，桓夫人墓砖，六朝物也。——若侯"。

文存"丁酉桓夫"四字，"丁"字、"夫"字均反文。跋云：砖出罗家冲，与永明砖相距不远，亦桓氏墓也。纪年书"丁酉"不知何代，砖文上下不全，以臆度之，当（一作"或"）是累数砖以成文者，然所见止此耳。

第四十七砚

虞氏砖二

长一尺一寸七分，宽五寸八分，厚一寸八分，镌记"八琼室第四十七砚"。

文在右侧，上端列一"虞"字，跋云：文曰"宋大明五年太岁辛丑七月立"，七字半损，"立"字全泐，它砖有明显者，出南门外黄土岭。

第四十八砚

其三　长存四寸五分，宽五寸三分，厚一寸五分，镌记"第四十八砚，若侯"。

侧存"宋大明五年"五字，上端列"虞氏墓"三字。

第四十九砚

其四　存五寸六分方，厚一寸八分，镌记"第四十九砚虞氏墓砖，若侯藏并志"。

侧文存"辛丑七月"四字，"辛"字已半泐，两砖左侧均作泉纹，斜线少出以系之。

两砖合跋云：上端题"虞氏墓"三字，与前砖不同，余未得全砖，合两半截读之，见"宋大明五年辛丑七月"九字，知与前砖同时所造，"辛丑"上所阙当是"太岁"，"辛"字半泐，"墓"字拓不显矣。

第五十砚

宜子砖

长一尺一寸七分，宽五寸六分，右厚一寸，左厚二寸，镌记"宜子砖砚第五十，若侯"。

文在砖端，仅存"宜子"二字。跋云：宜子砖右薄左厚，质不坚而理细，邵氏竟铭云"官贵宜子，大吉羊矣"。单用"宜子"，与此正同。又永嘉陈氏砖曰"宜子保孙"，亦不言"宜子孙"。

第五十一砚

何氏砖

长尺有八分，宽五寸五分，厚一寸六分强，镌记"八琼室藏砚第五十一，同治癸酉冬若侯作"。

文侧"泰始六年立"，上端列"何氏墓"，下端列泉纹一。跋云："文"

字同十六砚，惟"年"字不用古文耳。

第五十二砚

未央砖

长一尺一寸三分，宽五寸一分，厚一寸七分弱，镌记"八琼室陆氏之砚，第五十二"。

文在侧，跋云：两"未央"字颠倒相背，华饰亦朴雅。

第五十三砚

长吉阳砖

长九寸六分，宽三寸九分，厚一寸四分，额镌"汉砖"二大字，下注"得于长沙之定王台，壬申秋日在钰志"，背镌"癸酉冬以常宜子孙砖易之，今归余处。考吉羊作吉阳，与永初砖文同，汉竟中亦有之。——若侯氏志"，侧镌"八琼室陆氏第五十三砚"。

文列砖端，志云砖出北门外铁佛寺故址之东，砺卿以为定王台者非。汉人书吉祥字多借"羊"为之，此文借"阳羊"同音通假也。绥民校尉熊君碑治欧羊尚书《集古录》云"以羊为阳，汉隶字原载青羊竟云青羊，即青阳如欧羊之类"，此"阳羊"通假之证。永初元年景师砖云"大吉阳宜侯王"，上方竟云"大富贵宜孙子大吉阳"，号此借"阳"为"祥"之证。余又收得吉阳砖，亦即吉羊。《左传》"夷羊五"晋语作"夷阳午"，《淮南子》"枭阳"，《汉书》注引郭朴作"枭羊"，古今人表"乐阳"师，古曰即"乐羊"，"阳羊"通假，不独于金石见之也。翌日又志星农，又《尚书》大传羲伯之乐舞将阳，"将阳"即《离骚》及《西京赋》之"相羊"，《楚词惜誓》，尚羊，《汉书·礼乐志》及《淮南书》之"常羊"，《上林赋》之"襄羊"也，又武王相"望羊"，亦作"望阳"。

第五十四砚

富贵砖

长存六寸，宽五寸七分，厚一寸弱，镌记"第五十四砚，若侯"。

文在侧，上端列三横。跋云：砖存"富贵"二字，疑即富贵宜子孙砖也，而上端三横，诸砖中所未有，又一种也。

第五十五砚

五字砖

长尺有八分，宽五寸四分，厚一寸九分，镌记"五字砖第五十五，星农之砚"。

篆文列上端，志云此砖仅一"五"字记次第也，侧纹与鲁仓砖相似。

第五十六砚

未央砖二

长一尺一寸，宽五寸，厚一寸六分，镌记"陆氏八琼室藏砚第五十六"。

侧文曰"长乐未央"，上端列"富贵"二字篆文，"𥄂""未"字少一画，志云"乐"字变"白"为"吕"，与左右相称，"未"字省一笔，"央"字倒文。

第五十七砚

未央砖三

长尺有八分，宽五寸，厚一寸八分，镌砖文称"未央富贵乐孔长，云是长沙王台空迹未亡，瓦砾比琳琅作砚，有陆郎五十又七，方次第排成行。若侯"。

文同前砖字，画各异，"乐"字中从"白"，"未"字不省，志云"富贵"字左向，与前砖殊，"贵"字少一直。

第五十八砚

未央砖四

长尺有四分，宽四寸六分，厚一寸五分，镌记"第五十八，若侯"。

篆文在侧，"乐"作"朶"，审"长"字似反文，志云"乐"作"朶"，殊草草匠人所为。

第五十九砚

未央砖五

长尺有四分，宽五寸，厚一寸六分，镌记"第五十九"，边镌"八琼室藏"。

侧文似分三格，"长乐"二字居其二，"未央"二字并借作夫居一格，上端作圖。跋云："长"字反书，"乐"作"楽"，与前砖又异，"未央"二字并借，上端列"宜皇"二字，"皇"字从"白"不从"自"，见盄和钟铭、秦权铭，峄山碑及汉碑者甚多。隶辨云"白与自同"，非黑白之白，《韵会》云"今文省作皇"非也，或释为宜，百王谊不可解。

第六十砚

大贵砖

长尺有五分，宽五寸，厚一寸九分，镌记"第六十砚，若侯藏"。

端列"大贵"二字，侧作斜梳文，间以三泉，志云大贵砖只"大贵"二字，亦反书。

第六十一、六十二砚

宜子孙砖三

砖存上截，长五寸五分强，下截存六寸强，宽五寸三分，厚二寸强。一镌"第六十一陆氏之砚"，一镌"宜子孙砖第六十二砚，若侯"。

上截侧存四字，下截侧存八字。跋云：砖无全者，合两截读之，知为"宜子孙四年六月十八日作"十一字反文，上端"大吉"，下端"牛一阳"，亦反文。书"四年"不书纪元，当自有故，或云汉武以前未有纪元时所造，然制作不似西京。

第六十三砚

宜子孙砖四

长一尺一寸强，宽五寸三分，厚一寸七分，镌记"八琼室藏砚第六十三"。

侧文曰"宜子孙四年作"六字反文，"宜"字借边为之，下端列"大吉"二字，志云纪时，但书"四年"，与前砖一例。

第六十四砚

其五　长尺有八分，宽五寸四分，厚二寸，镌记"第六十四砚，八琼室藏"。

侧文"宜子孙"三字，下作"⊕π"，上端大吉，下端作▨。跋云：下端三字以"牛一阳"例之，当是"牛五阳"上多三笔，它处未有此法，盖古文字"巛"以象"发"，或云古"文"字作"彣"，移川于上即文字也；

或又读为牛山之阳，按《一统志》金牛冈在县西十里，砖出城南非其地；或云孙氏下是田字，田氏所造之圹砖，以后二砖例之，乃华饰耳。

第六十五砚

其六　长存六寸五分强，宽五寸六分，厚二寸一分，镌记"第六十五宜子孙砖"。

侧文仅存一字一⊕，下端列"牛一阳"三字反文。跋云：砖侧仅存孙字，下端上题"牛一阳"，以四年六月牛子阳二砖证之，亦宜子孙砖也。此砖久为灶突，偶从乡民购得之。

第六十六砚

其七　长一尺一寸强，宽五寸四分，厚二寸一分，镌记"第六十六，陆氏若侯藏"。

文同六十四砚，志云与六十四砚同"牛子阳"三字，自左而右"孙氏"，下华饰亦微差，此其所异。

第六十七砚

常宜子孙砖三

长尺有八分，宽五寸二分，厚一寸七分，镌记"八琼室第六十八砚，若侯作"。

侧文曰"常宜子孙"篆文，上端列"大富"二字，"富"作"圖"，志云上端有"大富"二字，"富"字省一笔，其下所作乃以补空，非八字。

第六十八砚

常乐子孙砖

长尺有六分，宽五寸，厚一寸八分，镌记"陆氏之砚，第六十八"。

侧文"常乐子孙"，砖上端"大吉"，下端有一"苴"字。跋云：常乐子孙砖亦以"常"为"长"，"常"字缺一直，"乐"字中从"目"又变为"自"。

第六十九砚

宜子孙砖八

长一尺一寸二分，宽五寸六分，厚一寸七分，镌记"第六十九砚，若侯"。

侧文及上端与前数砖同，下端列华饰，志云上端亦有"大吉"二字，惟下端无字为异。

第七十砚

侯王砖

长尺有九分，宽五寸二分，厚二寸弱，镌记"第七十"。下端镌"若侯所藏"。

侧文"常宜侯王"，"侯"作"𠉎"，"王"作"𤣩"，上端列"大吉"二字，下端列巾。跋云：常宜侯王砖亦用"常"为"长"，"矦"字微断，几成"侯"字，然"侯"书作"𠉎"，亦已见于汉碑，又乙亥复得此砖，上笔不断。

第七十一砚

吴氏砖

长一尺，宽五寸，厚一寸五分，镌记"第七十五砚，陆氏若侯藏"。

全砖无文字华饰，仅上端列一"吴"字。跋云：吴氏砖仅一"吴"字，亦六朝人手笔。

第七十二砚

大吉利砖

长一尺六分，宽五寸二分，上厚二寸强，下厚一寸四分，镌记"陆氏第七十二砚"。

文在上端，下作蕉叶纹。跋云：大吉利砖上厚下薄，蕉叶纹亦朴雅。

第七十三砚

大吉利砖一

长一尺一寸五分，宽五寸六分，厚一寸五分，镌记"第七十三砚，若侯"。

侧文"大吉利宜子孙"反文，字极潦草，上端列三泉以双线贯之，志云砖文出匠工手，却有隶法，非后人所能方弗。

第七十四砚

其二　长一尺一寸二分，宽五寸四分，厚一寸九分，出长沙小吴门外陈家垅，额题"永和砖下记第七十四"。

侧有"永和六年□"，上端"宜孙子"，下端"大吉利"，左侧华饰极朴茂。跋云：大吉利宜孙子砖，侧题"永和六年立"，"和""立"二字已渺，"利"字亦缺右刀，变文言宜孙子见于汉竟者甚多，尚方辟邪竟云"家室富昌宜孙子"，上方吉阳竟云"大富贵宜孙子"，龙氏二竟均云"宜孙子大吉羊矣"，张氏竟云"令君□遂宜孙子"，长宜子孙竟亦有"作长宜孙子"者，盍氏漆言青盖诸镜均云"长保二亲利孙子"，亦用孙子字皆其佐证，又嗣见于桐轩所得，此砖六年下是"四月"二字极为明显，审之是新经剜凿者，然或本系"四月"二字未可知也，乙亥小除夕又志。

第七十五砚

大吉昌砖

长存三寸五分，宽五寸五分，厚二寸一分，下端镌"第七十五"。

"昌"作"**昌**"，侧存泉纹一，志云"大吉昌"，砖文在砖端，"昌"字省笔。

第七十六砚

阳氏砖

长存四寸，宽五寸五分，厚一寸八分，额镌"第七十六"。

端文仅一"阳"字反文，笔法极挺劲。跋云：阳氏砖字亦在砖端，左逸仙所赠未见全者，诸家亦未之有得。

第七十七砚

永和砖

长一尺一寸，宽五寸二分，厚一寸八分，砖出长沙黄道门外麻石巷，额镌"陆氏之砚七十七"。

侧文"永和七年"反文，"和"作"**昨**"，"七"作"**于**"，"年"作"**秊**"，下半花饰，下端"长宜"，"宜"字借边为之。跋云：侧题"永和七年"四字，下端列"长宜"二字，"七"字多一笔，与鲍宅山凤皇画象题字同，以永和纪元者五，惟晋穆帝有七年。

第七十八砚

留氏砖

长一尺一寸四分，宽五寸四分，厚一寸八分，端题"留氏治桥路砖，第七十八砚"。

砖文隶书，极坚挺，上端花饰亦朴茂。跋云：砖出南门外山涧坄桥之足，文曰"巨友作好留"，留其姓也。《毛诗·王风》："彼留子嗟"，传云留大夫氏子，嗟字也，韵会出会稽，本卫大夫留封人之后，吴志有左将留赞姓谱，汉有留盼封疆围侯，三国有留略东海太守，晋有留璠江夏令，梁有留异东阳太守，隋有留进著《管弦记十卷》留平征西将军。此留氏莫考何代，疑在六朝以前。字体文法颇似汉人手笔。"巨友作好"，即《尚书》之"无有作好"也，《书》曰"遵王之道，无有作好"，用斯语以治桥路，古人事事不苟，即一砖之微亦复如是。又"巨"古"讵"字，《说文》无"讵"，徐氏新附始有之，《汉书·高帝纪》"公巨能入乎师"，古注云"巨读曰讵，犹岂也"，《列子·黄帝篇》"末巨怪也"，陆氏释文云本作"讵"，《庄子·齐物论》"庸讵知吾所谓天之非人乎？"陆氏释文云"徐本作巨友，古通有释名友也，相保有也"，《白虎通》"友"者，"有"也，《荀子·大略篇》"友"者，所以相有也，注云"友"与"有"同义，鲁《论语》"有朋自远方来"，《颜渊集解》有相切磋之道，释文并云"有"本作"友"，是"巨友"之即"讵有"，确有佐证矣。以"巨友作好"，为"无有作好"者，未必当时有此别本，盖师儒诠释之词也，《说文》所引经传，每有今本所无者，不尽是异文逸句，此盖同之。

第七十九砚

其二　长存五寸五分，边题"七十九砚，若侯"。

侧存上截三字，上端有"大吉"二字，志云：砖存"巨友作"三字，亦留氏所造也，上端列"大吉"字，前砖所无。

第八十砚

具字砖

长存四寸强，宽五寸五分，厚一寸八分，记"第八十"。

文在端作圆，跋云：古"泽"字上从"白"，"炅"字下从"火"，此不可识，或是冥字，犹宜之作"回"，然未可妄定，以砖背粟纹审之，决非六朝以后所作。

第八十一砚

大吉砖一

长尺有一寸，宽五寸五分，厚二寸，额镌"第八十一砚，若侯"。

"大吉"二字在砖端，"大"作"大"，"吉"作"吉"，侧作斜方胜纹，间以三泉，志云："吉"字借边，汉人器铭中恒见。

第八十二砚

其二　长存六寸余，宽五寸五分，厚二寸，镌记"陆氏第八十二砚"。

文亦在端侧，纹与前相似，惟此略细小，志云："大"字已泐，砺卿所得尚显。

第八十三砚

其三　长一尺一寸四分，宽五寸五分，厚一寸七分，额镌"八琼室藏砚第八十三"。

文在端，上端作 𝝖，侧纹与八十一砚同，惟较工细，并多一泉。志云：反文，"吉"字中直特长。

第八十四砚

其四　长存六寸，宽五寸五分，厚二寸，镌记"第八十四砚，若侯"。

文亦在端，"吉"作"𡆥"，志云：或"𝕭"为"大吉羊"三字，"吉羊"二字并借。

第八十五砚

其五　长一尺一寸有八分，宽五寸七分，上厚二寸强，下厚一寸三分，镌记"陆氏第八十五砚"。

文在厚端，字甚小，下作"𝕪"似押，下端作 𝕏𝕏，志云癸酉出砖，此为最先，上厚下薄，下端有"二五"字，土人呼其地为王坟，志乘无考，当是"荒"字音讹。

第八十六砚

其六　长一尺一寸四分，宽五寸四分，厚二寸，额镌"八琼室陆氏藏砚第八十六"。

侧作双大吉，两端亦列"大吉"字，志云：砖作四"大吉"字，上端反文。

第八十七砚

其七　长一尺一寸四分，宽五寸五分，厚一寸六分，额镌"质缜以栗铭曰大吉，作砚置室第八十七"。

文在端，字特小，侧纹亦作斜方胜，间以四泉，志云：大吉诸砖中，此二字最为古浑。

第八十八砚

其八　长存五寸三分，宽五分，厚二寸，镌记"第八十八，若侯之砚"。

文在端，"大"作"太"，篆文。志云："太吉"字与永佑子孙砖同，而侧无文字。

第八十九砚

其九　长一尺一寸四分，宽五寸三分，厚一寸二分，镌记"第八十九，若侯"。

文在上端，侧纹与上数砖同，此下端亦列方胜花饰。

第九十砚

其十　长存七寸五分，宽五寸五分，厚二寸五分，镌记"第九十砚，若侯"。

文亦在砖端，"大"作"六"，志云：或释为六取谦卦六爻，皆吉之义，下厚上薄。

第九十一砚

其十一　长存五寸五分，宽五寸五分，厚二寸一分，镌记"第九十一砚，若侯"。

文在端，字特方正而大，砖亦下厚上薄。

第九十二砚

其十二　长存九寸余，宽五寸五分，厚一寸九分，镌记"第九十二砚"。

文在端，"吉"作"ᘒ"，志云："吉"字中直斜曳，又系反文，几不可识。

第九十三砚

壬龟砖

长一尺二寸四分，宽六寸弱，厚二寸一分，镌记"第九十三砚，若侯"。侧列鱼纹，一下似泉纹，二作斜线四出以交互之，上端作▨▨纹，似"二五"字，下端作▨▨。跋云："壬"字中直，彻上彻下，"申"用古文，侧纹鱼形，亦古质，或以砖出圭塘，读为"圭唐"二字，"塘"古祗用"唐"，而"唐"字如此作，于古无征，又有以为"圭田"者，"田"字亦未见此书法。

第九十四砚

直文砖

长一尺二寸四分，宽六寸弱，厚二寸，右侧镌记"第九十四砚，若侯"。侧纹与前砖大同小异，上端无纹，下端作"▨▨"。志云下端列"直文"二字，亦似"宜文"，或以"文"为"坟"之省，似无庸为之曲说。侧作鱼形，与前砖同，又有一五字。

第九十五砚

贵用砖

长一尺有一寸，宽五寸二分，厚一寸八分，镌记"第九十砚，若侯"。文列砖端作▨▨，右侧作蕉叶纹，间以三泉。跋云：砖端二字漫漶，似是"贵用"，或亦是"富贵"字，所谓随势增损，不拘定法也。蕉叶纹古质，似和平砖。

第九十六砚

未央砖

长存四寸余，宽四寸八分，厚一寸七分，镌记"第九十六砚，若侯"。

侧文仅存一央字，篆文，端作"闬"，跋云：未央砖仅存半截，"未"字亦已缺，"央"字与未央诸砖均异，砖端疑是"闬"字。

第九十七砚

锥字砖

长存五寸五分，宽五寸二分，厚二寸强，镌记"第九十七"。

文在端作，跋云此砖字不可识，第二字似"锥"字反文，背有粟纹。

第九十八砚

虞氏砖

长存四寸余，宽五寸五分，厚一寸七分，镌记"第九十八，若侯"。

端列"虞"字作"虡"，侧存"宋"字。跋云：与四十七砚同时所造，而"虞"字省一笔，侧文"大"字半泐，"明"字仅存形模，惟"宋"字清显。

第九十九砚

其二　长存五寸八分，宽五寸五分，厚一寸七分，镌记"第九十九砚，若侯"。

"虞"字亦在端作"虡"，跋云"虞"字较上砖多一笔，侧无字，与大明砖同出一圹。

第百砚
永和砖

长一尺一寸有二分，宽五寸强，厚一寸七分，镌记"第百砚，若侯"。
侧作篆文反书，下端"富"字作"𥂑"。跋云：侧文曰"永和六年"，
"和"字半损，下端亦"富贵"字，或曰是"宜贵"，上端"大吉"字左
行，出长沙小吴门外陈家垅。

第百一砚
李氏砖

长尺有四分，宽五寸一分，厚一寸六分弱，镌记"元嘉砖，陆氏第百一
砚"。

文在两侧，跋云：右侧曰"太岁"，"亲未李"作"辛作𡘜"，《吊比干
墓文碑》殷"辛"字作"亲"，此又作"𡘜"，与古文"榛"字无别矣。
左侧曰"宋元嘉廿年岁值癸未"，辛未乃元嘉八年，盖亦用旧范为之者。

第百二砚

其二　长尺有六分，宽五寸五分，厚一寸六分，镌记"第百二砚，若侯"。
文与前同，惟砖略大。志云：文与前砖无异，以左侧字较显，两存之。

第百三砚
天字砖

长一尺一寸，宽五寸二分，上厚下薄，镌"第百又三"。

文在砖端，薄处作，上端有十字，两侧各有斜线一。跋云："天"字下方作"牛中牛"三字，倾斜配向甚为奇异，而义不可晓，或即牛戴之意，究亦何取于此。

第百四砚

虞氏砖

长尺有二分，宽五寸五分，厚一寸五分，镌记"第百四，若侯甲戌所得"。

文在右侧，跋云：侧文曰"天监八年虞氏"，虞氏世葬，历宋至梁未易地也。砖出长沙南门外蒋家山，距黄土岭不远。

第百五砚

其二　长一尺一寸三分，宽五寸三分，厚一寸七分，镌记"陆氏八琼室第百五砚"。

文曰"梁天监八年"，"霙"亦在右侧。志云与前砖同圹，而有"梁"字无"氏"字。

第百六砚

其三　长一尺一寸六分，宽六寸六分，厚一寸六分，镌记"第百六砚，若侯"。

文曰"梁天监八年虞氏"，跋云：有"梁"字亦有"氏"字，与前二砖并异。

第百七砚

未央砖

长尺有八分，宽四寸九分，厚一寸九分，镌记"陆氏第百七砚，甲戌夏，若侯作"。

侧文"长乐未央"，"乐"作"𠦄"，"未"作成"𠄯"，上端作▦。志云：上端列"长宜"二字，侧文与诸砖小异，"未"字亦省一笔。

第百八砚

常宜子孙砖

长一尺一寸弱，宽五寸六分，厚一寸八分，镌记"陆氏之砚第百八"。

侧文曰"常宜子孙"，篆书，"宜"作▣。志云：文同廿砚，上端无字。

第百九砚

其二　长尺有五分，宽五寸四分，厚二寸二分，镌记"第百九砚，若侯"。

文同前，志云：文同廿一砚，惟上端无字。

第百十砚

宜子孙砖

长一尺一寸，宽五寸一分，厚一寸九分，镌记"第百十砚，若侯所得"。

文在侧，"子"字反书，"孙"字下作"𝟎𝟎𝟎"，下端列"大吉"字。

跋云：侧文曰"宜子孙□年"，□第四字疑是"寅"变八为一，末一字"娄"见于晋砖，或释为益究未的。上端磨泐，亦似"大吉"二字。

第百十一砚

石羊砖

长一尺一寸二分，宽五寸七分，厚一寸八分，镌记"第百十一砚，若侯"。

侧文曰"石羊"，作两篆书，志云：上端"长宜"二字与卅二砚同，而篆法各异。

第百十二砚

虞氏砖

长尺有二寸，宽五寸七分，厚一寸七分，镌记"陆氏第百十二砚"。

端列一"虞"字作"虞"，志云：砖端"虞"字与九十九砚相似，又多一丿。

第百十三砚

昌字砖

长存七寸余，宽四寸八分，厚一寸九分，镌记"昌字砖，第一百十三，若侯"。

文在华饰中，志云：昌字砖只一字，下截缺。

第百十四砚

子中砖

长存四寸弱，宽三寸五分，厚一寸七分，镌记"第百十四，若侯"。

文在端，跋云：上三字是"合子中"，下一字疑"平"之残损者。或云"工"字，意义未可强解，以篆法及布纹审之，不出两晋下也。

第百十五砚

宜子孙砖

长一尺一寸，宽五寸五分，厚二寸弱，镌记"八琼室第百十五，若侯"。
文在侧，篆文反书，孙字下亦作⊕。志云：两端无文字，与诸砖各别。

第百十六砚

阳氏砖

长一尺，宽五寸二分，厚一寸二分，镌记"阳氏砖，若侯，一百十六"。
侧纹作斜方格，左旁嵌"金王"二字，下列一"阳"字反文。跋云：阳氏
砖"阳"字反书，华饰中有"金王"二字，左偏尚有二字，曼平矣。

第百十七砚

二五泉砖

长尺有五分，宽五寸二分，厚一寸六分，镌记"第百十七砚，若侯"。
泉列侧，上端亦有花饰。跋云：二五泉砖侧列泉四枚，第二泉文字清晰，
此泉铸自何代无可考证，又有四五钱、双十泉，均不知所缘起。

第百十八砚

常宜子孙砖六

长一尺一寸五分，宽五寸三分，厚二寸一分，镌记"第一百十八砚，若
侯"。
跋云：文同廿一砚，惟右侧无十字纹。

第百十九砚

大吉砖十二

长存五寸余，宽五寸，右厚左薄，镌记"一百十九砚"。

文列砖端，左侧有蕉叶纹。

第百廿砚

大吉砖十三

长一尺六分，宽五寸，厚二寸，镌记"第百廿"。

侧作斜方胜纹，间以四钱泉，下端"大吉"二字，"吉"字中直特长大，字几成"未"字矣，上端"吉"字上作"✳"。志云：下端题"大吉"，上端又有一"吉"字。

第百廿一砚

永初砖

长存四寸，宽五寸弱，厚八分，四面皆经磨琢，侧有张叔未题字"久埋灰土，风尘莫睹。琢为砚田，愿君耕锄。——叔未题甲戌，得于吴门"，镌记"百廿一，若侯得之"。

文在背纹中，已平曼拓不甚显。跋云：永初残砖，存"初元年三"四字，砖侧旧有"延平元年"字，盖用旧范为之者。毗陵吕氏尝蓄之，席纹与赤乌砖相似。又砚侧为张叔未所题，尤足宝重。

第百廿二砚

大同砖

长存四寸五分，宽五寸三分，厚一寸七分强，边题"小园居士长物"，侧题"思无邪斋诗砚"，上端平处题"质如石，色如铁，范□骨鲠，徐勉风节，退之琢之，非玩物是适，周闲自题"，镌记"第百廿二砚，若侯"。

文曰"梁大同五年作"在砖端，两侧均有人形，仅存下半。跋云：大同砖甲戌夏与上砖同，得于吴门，大同五年梁武帝在位之三十八年，小园居士未审为谁。

第百廿三砚

大吉砖十四

长存五寸五分，宽四寸八分，厚一寸八分强，镌记"第百廿三"。

文在砖端，""反文，跋云："吉"字下似"利"字，省文并借。

第百廿四砚

大吉砖十五

长存六寸七分弱，右厚左薄，镌记"第百廿四"。

文在端存"大舌"二字，下损，左侧作∧字华饰。

第百廿五砚

大吉砖十六

长一尺一寸，宽五寸三分，厚一寸九分，镌记"第百廿五"。

文在上端，反文，侧纹同百廿。

第百廿六砚

二五砖

长存七寸强，宽五寸，厚一寸七分，镌记"第百廿六"。

侧存二五泉纹一，余缀华饰。跋云：全砖两端均有一龙，而泉文不显，以半截者存之。

第百廿七砚

其二　长存三寸余，宽五寸五分，厚一寸七分，侧镌"'以玉比德，运甓励勤'，历千百年而不磷，磨人磨墨，磨墨磨人，壬辰长夏为月舫先生清鉴黄锡蕃铭，时年七十有二"，镌记"第百廿七砚，乙亥秋，若侯志"。

侧端作人形，人下列双五泉，一侧亦存一泉。跋云：二五泉亦称双五泉，《泉志》《泉史》诸书均不详其所。自以此砖观之，当亦汉制，其在新莽时与？朱子梅持赠，侧作裸体人形，亦食堂画像之意。

第百廿八砚

尹氏砖

长一尺一寸五分，宽四寸，厚一寸六分，镌记"大康砖，陆氏第百廿八砚"。

文在侧端，作华饰。跋云：尹氏砖文曰"大康八年六月尹氏作"，砖为土蚀，酥脱半涉曼灭，就审之，具有形模。

第百廿九砚

未央砖七

长一尺有二寸，宽五寸五分，厚一寸八分，镌记"第百廿九砚，若侯"。

侧文曰"长乐尚未央"，上端作斜方胜纹。跋云："尚未央"即古诗"未渠央"之意，"央"字促小。

第百三十砚

未央砖八

长一尺一寸二分，宽五寸二分，厚二寸，镌记"第一百卅砚"。

文在侧"乐"作"𣃘"，上端列"富贵"，"富"作"𡨄"。跋云：文字如前较为匀整，"乐"字缺二点。

第百三十一砚

未央砖九

长一尺一寸强，宽五寸，厚二寸，镌记"第百卅一砚"。

端侧文字均同上，惟"乐"字不缺二点，"未"字作"𣎵"。跋云：文字亦如前，"未"字两画，上句最合篆体，位置亦匀适。

第百三十二砚

寿若大山砖

长一尺一寸强，宽五寸，厚二寸强，镌记"八琼室第百卅二砚，乙亥二月出长沙。若侯"。

文在侧，篆书，跋云：寿若大山砖，"大"即"太"字，古人"大""太"不分也。星农。

第百三十三砚

其二　长一尺有八分，宽四寸八分，厚二寸，镌记"第百卅三砚，若侯"。

跋云：文同前砖，点画微别。

第百三十四砚

常宜侯王砖二

长一尺有七分，宽五寸三分，厚一寸八分，镌记"第百卅四，若侯"。

文曰"常宜侯王"，上端列"大吉"二字。志云：与七十砚同，惟下端无饰。

第百三十五砚

常宜侯王砖三

尺寸同前，镌记"第百卅五砚，若侯八琼室藏"。

跋云：上端"天大吉"字，与前两砖异者在此。

第百三十六砚

永和砖

长一尺有六分，宽五寸一分，厚一寸五分，镌记"永和砖，第百卅六，若侯"。

文在泉纹中，字小而精，下二字微曼。跋云：侧题"永和二年"四字，字间一泉，泉皆四出，各以双线分左右系之。

第百三十七砚

富贵宜子孙砖四

长一尺一寸强，宽五寸六分，厚一寸九分，镌记"第百卅七"。

反文在侧，下三字已平曼，"孙"字尤甚。上端华饰，"中"作"⅄"，似"五"字。

跋云：与周氏砖迥别，"孙"字泐存一笔矣。

第百三十八砚

五朱砖

长一尺一寸六分，宽四寸八分，厚二寸，镌记"五朱砖，第百卅八，若侯"。上下端均有华饰，侧纹华饰居其半，下横列五朱泉二。跋云：右侧列五朱泉二枚，两相背违，按《通典》云"五朱源出稚钱，但易铢为朱耳"。后又续得半截，泉文较完整。

第百三十九砚

子字砖

长一尺有一寸，宽三寸七分，厚二寸，左厚右薄，镌记"第百卅九，若侯"。

右侧作华饰，"子"字在下端。跋云：子字砖左厚右薄，上端亦列"大吉"二字。

第百四十砚

石羊砖七

长一尺有七分，宽五寸四分，厚一寸八分。

侧文"石羊作𠁁"，"作"字反文。跋云：与卅五砚同，惟上端多花胜耳。

第百四十一砚

宜子保孙砖

长一尺一寸有五分，宽五寸五分，厚一寸六分，镌记"第百四十一砚，若侯志"。

右侧文曰"永嘉六年壬申宜子保孙","孙"字已缺其半，左侧有一"陈"字。跋云：宜子保孙砖，"孙"字仅存数笔矣。嘉庆七年在广州聚龙冈出土，先数年曾得此拓本九种，大略相同。有两截各五字者，此砖为叶东卿故物，甲戌得之，砖经烈火，大半成焦黑，幸文字无大损，尚足宝贵。先是收得拓本，精彩较胜。它砖或题陈仁，或题陈仲，此砖单题陈字，盖陈氏墓砖也。

第百四十二砚

景元砖

长存五寸强，宽五寸，厚一寸五分，镌记"景元砖砚，第百四二，若侯"。

文在背存"张使君"三字，"张"字已损其半，"君"字亦平曼，存数笔。跋云：此砖全文为"张使君兄墓同年造"八字，又此下三砖皆魏景元元年张普所造，亦叶氏故物也。砖出何时何地，今不得详矣。

第百四十三砚

其二　长存六寸强，宽五寸，厚一寸四分，镌记"魏景元张氏墓砖，乙亥得之，第百四十三砚，若侯"。

文列三行，在背均有界格，极精，此存下截首行"幽州刺史"四字，次行"张氏兄口"四字，"张"字已半损，三行仅存三字，惟下"造立"二字明显。"造"字上存二笔，似"年"字。跋云：全文未悉，亦题张氏兄字，盖与上砖同出一圹者。

第百四十四砚

其三　长存四寸，宽四寸八分，厚一寸四分，镌记"景元张氏砖，第百四十四，若侯之砚"。

文列四行，亦在背有界格。砖存下截，每行三字，首行"使持节"，次行"幽州刺"，三行"□乡侯"，"侯"字已平曼，末行已曼灭。跋云：砖存下截，三字全砖不可得矣。砖之全文曰"魏景元元年使持节护乌丸校尉幽州刺史左将军安乐乡侯清河张普先君之墓"，凡卅二字。

第百四十五砚

大字砖

存五寸方，厚一寸强，镌记"第百四五砚"。

文在端，惟"大"字可识。跋云："大"下似字非字，极为奇异，其押与□。

第百四十六砚

吉阳砖

长存三寸余，宽四寸三分，厚一寸六分，镌记"第百四六砚，以为阳为祥，若侯"。

"吉阳"二字在端，"阳"作 ，跋云：吉阳砖亦即"吉祥"字，"阳"字反书，并变左阜为右邑。

第百四十七砚

太康砖

长存四寸余，宽四寸，厚一寸五分，镌记"第百四七"。

文在端，跋云：大康砖存"太康五"三字，徐星甫自襄阳寄贻。

第百四十八砚

富贵砖

长存八寸，宽六寸五分，厚一寸七分，镌记"第百四八砚，乙亥所得，若侯"。

篆书"富贵"二字，在砖端两头各列一泉纹。跋云：此亦甄邯石室砖也，砖侧无字。

第百四十九砚

大吉砖十七

长存四寸余，宽四寸八分，厚二寸，侧题"甲戌春日澹勤室藏"，镌记"第百四九砚，乙亥秋，若侯志"。

文在端，"吉"作"𠱙"。跋云："吉"字下变从日，乙春钱调甫寄赠云"得之傅青"，余者不三日而调甫恶耗至矣，掷笔惘然。

第百五十砚

大吉砖十八

长存六寸五分，宽五寸五分，厚一寸六分，镌记"第百五十砚"。

反文存下截四字，跋云："大吉"下间一横线，又有一"大"字，或曰是"大吉天下"四字，古文"下"作"二"，亦通。

第百五十一砚

开皇砖

长存四寸七分，宽五寸二分，厚一寸七分，镌记"第百五十一砚，乙亥出土，若侯"。

文在砖端，上列一泉，界以三画，下曰"开皇十三年"，双行反书左读。

跋云：文曰"开皇十三年"，据土人云在湘潭出土，夹行书，砖中罕见，于桐轩别收一开皇砖，审之乃作伪之工者。

第百五十二砚

永明砖

长存五寸，宽五寸一分，厚一寸五分，镌记"第百五十二砚，星农"。

文在侧，存五字。跋云：长沙得砖此为最，后疑亦桓氏墓中物也。文云"齐永明十一年"，反文。

第百五十三砚

万岁砖

长存八寸五分，宽六寸二分，厚一寸八分，镌记"第一百五十三砚，若侯"。

文存"万岁不"三字篆文。

第百五十四砚

东王公砖

长存四寸五分，宽三寸三分，厚一寸五分，镌记"第一百五十四砚，星农"。

文存"东王公"三字，侧亦有字，惜已曼灭。

第百五十五砚

赤乌砖

长存三寸四分，宽五寸，厚一寸六分，镌记"第百五十五砚，若侯"。

文曰"赤乌七年"在砖端，侧存"造作吴"三字，"吴"字亦已不全。

第百五十六砚

其二　长存五寸八分，宽五寸，厚一寸六分，镌记"第一百五十六砚，若侯"。

端列"赤乌七年"四字，侧文存"造作吴家吉"五字，下缺，"家"即"豪"字。

第百五十七砚

永和砖

存三寸五分方，镌记"永和残砖，第一百五十七砚，若侯藏"。

文存"永和二年"四字，"永和"均已剥蚀，存一二笔，端存三泉，背作斜方格，缀以方胜纹。丁丑得于金阊，已琢成砚矣。

第百五十八砚

大兴砖

长存三寸六分，宽四寸七分，厚一寸七分，镌记"第一百五十八砚，若侯"。

文曰"大兴四年辛巳"在砖端，"辛巳"二字分列，"年"字直笔左右，左读似造作时缀补者，侧存直线文，又斜线寸许，按大兴四年晋元帝即位之五年也，砖文已编入补正。

第百五十九砚

麇氏砖

长存四寸五分，宽四寸五分，厚一寸五分，镌记"第一百五十九砚，若侯"。

端列"麇氏壁"三字，侧存"岁在癸亥"四字，上已断，缺"亥"字，亦略漫漶，"壁"即"甓"字之假借。

第百六十砚

齐永元砖

长一尺一寸五分，宽五寸六分，厚一寸四分，镌记"百六十砚，若侯"。

文曰"齐永明二年太岁庚辰会稽王墓"，反文，按会稽古扬州郡南，齐尚沿东汉，旧砖得于长沙，于何处出土未得其详也。先后共得二块，并存之。

第百六十一砚

王氏砖

长一尺二寸有三分，宽四寸九分，厚一寸六分，镌记"百六十一，若侯"。

文曰"元嘉廿二年太岁乙酉囗（似'六'字）月戊子朔王氏立"，"嘉"作"嘉"变体，左侧作双线方胜三，中间二泉，湖南湘阴仁和垸出土。

第百六十二砚

朱氏砖

长尺有五分，宽五寸一分，厚一寸五分，镌记"百六十二，若侯"。

侧文"大元五年八月十囗日作者朱稚"，上端数字，惟"吉"字可辨，下端有一"朱"字，亦仅存其半矣。左侧列"二"字，或以为编次耳。

第百六十三砚

太元砖

长尺有八分，宽五寸四分，厚一寸五分，镌记"百六十三砚，若侯"。

文曰"太元九年八月一日作"，反文。

第百六十四砚

相虎砖

长尺有五分，宽五寸，厚一寸五分，镌记"第百六十四，若侯"。

侧文与前砖同，下端有钱十字，左侧列"相虎"二字，亦反文。

第百六十五砚

太元砖

尺寸同前，镌记"第百六十五，若侯"。

两侧文与前同，下端列"吴囗作"三字，然亦剥泐存数笔矣。以上四砖吴郡胥门外王山出土，听邻馆所得甚夥，以湘砖易而藏之。

第百六十六砚

无为砖

存三寸五分强，镌记"百六十七，若侯"。

端侧存文各四字，一曰"穷利无乔"，不可识；一曰"无为始有"，均反文。后又续得一砖，"穷利"二字在砖端，"穷"上似尚有一字，亦不可识。侧文有下存二寸许，文亦漫漶，文义不可解，存以备考。

第百六十七砚

凤皇砖

长存三寸余，宽五寸，厚一寸三分，镌记"百六十七，若侯"。

侧文存"凤皇三"三字，"三"字已缺末笔，端列"富贵"二字。后又续两砖合审之，文曰"凤皇三年施氏作壁"，盖施氏墓砖也。

第百六十八砚

罗氏砖

长存四寸八分，宽五寸九分，厚一寸八分，镌记"百六十八砚，若侯"。

端曰"建兴二年"，左侧存"□岁在甲"四字，"甲"已断缺，右侧存"罗□创"三字，俱反文。后得全砖，文同而砖略小。

第百六十九砚

永加砖

长存五寸，宽五分，三分，厚一寸六分，镌记"第百六十九，若侯"。

端文曰"永加元年"，侧存"岁在丁卯八"五字，按永嘉丁卯，晋怀帝即位之元年也，"永"作"**𨂃**"，"年"字反文，"嘉"作"加"，古通用。

第百七十砚

元康砖

长存六寸弱，宽四寸八分，厚一寸六分，镌记"第百七十砚，若侯"。

端列"元康"二字篆文，侧存三字不可识，后得全砖，侧文亦只有一"蒸"字可辨。

第百七十一砚

万岁砖

长一尺一寸七分，宽五寸七分，厚一寸六分，镌记"第百七十一砚，吕向朩赠若侯"。

端列"万岁"二字，侧文曰"万岁不败"篆文，两平面均作蕉叶纹。此系阳湖吕氏所贻，后于浙江湖州又得二砖，同文异范。

第百七十二砚

其二　长一尺有三分，宽四寸七分，厚一寸八分，镌记"第百七十二砚，若侯"。

侧文曰"万岁不败"篆文，下端列正书"八月三日"四字，上端列一蟾一禽，不知是何取意。

第百七十三砚

永宁砖

长存四寸八分，宽存三寸，厚一寸四分，镌记"百砖砚斋第百七十三砚"，背镌"庚辰夏城北瓦砾中无意得之，吾娄鲜古砖，不知谁氏故物也。制砚已久，惜少残损。八琼老人志"。

侧文存"永宁元年八"五字，上端存方胜一。

第百七十四砚

□宁砖

长存五寸，宽存四寸，厚一寸八分，镌记"百七十四砚"。

文存"宁二年八"四字，"宁"字亦已残损。

第百七十五砚

本初砖

长一尺一寸，宽五寸三分，厚二寸，镌记"百七十五，若侯"。

侧文曰"本初元年岁在丙戌"，端存"造作"二字篆文，字画有借边缺

笔，几不可识，后又得数块。

第百七十六砚

永嘉砖

长一尺一分，宽四寸六分，厚一寸六分，镌记"第百七十六，星农"。

侧文曰"永嘉六年七月卅日"，上端列一"玉"字，后又得永嘉六年残砖

一，别一范也。

第百七十七砚

咸康砖

长尺有四分，宽四寸五分，厚一寸五分，镌记"百七十七，若侯"。

文曰"咸康七年八月制作"在砖侧。

第百七十八砚

永嘉砖

长一尺强，宽四寸七分，厚一寸九分，镌记"百七十八，若侯"。

永嘉二年八月卅日立功，文在侧。

第百七十九砚

元康砖

长存五寸八分，宽五寸二分，厚一寸五分，镌"百七十九，若侯"。

文存"元康二年九月"六字，"元"字上画已磨蚀，"月"字已残缺。

第百八十砚

陈氏砖

长存四寸，宽四寸八分，厚一寸四分，镌记"第百八十，若侯"。

侧文存下截"岁辛丑"三字，砖端列"陈长所"三字，陈氏墓砖也。后续得全砖，文曰"太康二年岁辛丑"，与此同范，惟端无文字。

第百八十一砚

永熙砖

长存五寸五分，宽五寸二分，厚一寸七分，镌记"百八十一砚，若侯"。

砖端曰"永熙元年八月六日"，"熙"字反文，侧文与一百七十砚元康砖同，按晋武帝二十一年改元太熙，四月惠帝即位改为永熙元年，惠帝即位之三年改号元康，一百七十砚一种，殆当时以旧范为之，特易其端耳。

第百八十二砚

陈氏砖

长存三寸余，宽四寸九分，左厚右薄，镌记"百八十二，若侯"。

端文曰"陈侯吴冢"，侧存一"万"字篆文，类"万岁不败"字。

第百八十三砚

俞氏砖

长存五寸，宽四寸八分，厚一寸六分，镌记"百八十三砚，若侯"。

右侧存"永嘉"二字，"嘉"字已半损，左侧存"吴兴乌程"四字反文，

"程"字半缺，端列"俞道初"三字。

第百八十四砚

元康砖

长存四寸余，宽四寸五分，厚一寸五分，镌记"百八十四，若侯"。

侧存"元康元"三字，端文曰"万年不败"。

第百八十五砚

出富贵砖

长存五寸五分，宽存四寸余，厚一寸六分，镌记"百八十五，若侯"。

端列"出富贵"三字，侧存一"既"字，与既寿考砖相类，或即既寿考之

又一种与□。

第百八十六砚

章氏砖

长存四寸八分，宽五寸，厚一寸三分，镌记"百八十六，若侯"。

砖存下截，曰"章士康造"五字，后续得全砖，审是太康砖，文曰"太康

二年九月八日章士康造"篆文，其下截与此正同。

第百八十七砚

钱氏砖

长存五寸余，宽四寸七分，厚一寸五分，镌记"百八十七砚，若侯"。

侧文存"赤乌□□"四字，端列"钱氏冢□"，皆反文。

第百八十八砚

重一百七十二，仅存侧文"不败"二字，下端"八月三日"四字。

第百八十九砚

王氏砖

长存五寸四分，宽四寸三分，厚一寸五分，镌记"百八十九，若侯"。

侧存"咸和元年"四字，端列"王尚造"。

第百九十砚

大兴砖

长存五寸余，宽四寸五分，厚一寸五分强，镌记"百九十，若侯"。

存下截，侧文"送故吏民作"五字，后得全砖审之，上所缺者系"大兴四年吴兴"六字。

第百九十一砚

潘氏砖

长存五寸六分，宽存四寸余，厚一寸二分，镌记"百九十一砚，若侯"。

侧存"程潘氏造"四字，此即甘露砖之别一种也，惜未得全砖。

第百九十二砚

潘氏砖

长存五寸，宽五寸八分，厚一寸八分，镌记"第百九十二，若侯"。

文存"甘露二"三字篆文，此即下砖。上截惟"甘露"二字，互有明显耳。按汉魏吴皆有甘露纪元，吴无二年，非吴无疑。而制作亦不似北魏，盖汉宣帝时物也。考宣帝即位之廿一年，改号甘露。

第百九十三砚

潘氏砖

长一尺二寸有三，宽五寸七分，厚一寸七分强，镌记"百九十三砚，若侯藏"。

侧文"甘露二年八月潘氏"，"年"字已泐。

第百九十四砚

太康砖

长存六寸，宽四寸五分强，厚一寸三分，镌记"百九十四砚，若侯氏"。

侧文存上截"大康二年九月八日"八字，即一百八十六之上截。

第百九十五砚

天纪砖

长存五寸余，宽五寸一分，厚一寸五分，镌记"第一百九十五，庚辰小春，若侯"。

侧存"天纪元年"四字，"年"字已剥泐，上端列"万岁不败"四字，均篆文。后得全砖，下尚有"太岁丁酉丹阳茧氏"八字。

第百九十六砚

永寿砖

长三寸六分，宽五寸五分，厚一寸八分，镌"百九十六砚，若侯"。

文曰"永寿二年作"，按汉桓帝即位之九年改号"永寿"，永寿砖出荆州，篆文古茂挺劲，洵可宝贵，钱璞如所贻。

第百九十七砚

王侯砖

长存六寸五分，宽四寸九分，厚一寸九分，镌记"百九十七砚，若侯"。

文在侧，横列存"□富王侯"四字。

第百九十八砚

亚氏砖

长存八寸弱，宽五寸，厚一寸四分，镌记"第百九十八砚，若侯"。

文存"年丙午岁亚季承父"八字，"年"字已半缺。

第百九十九砚

未字砖

长一尺二寸八分，宽五寸五分，厚一寸八分，镌记"百九十九砚，若侯"。

文不可强解，惟"未壬"二字可识。或曰未月日宜用"壬申"，"月"字反文，然不可强定。

第二百砚

富贵砖

长存尺余，宽七寸，厚三寸七分，镌记"第皕八琼室"。

文在砖侧，"富贵"二字并列于中，两头均作方格斜胜纹。所藏不下千余砖，博厚无逾于此者。

索引

八琼室古砖录总目索引

八琼室皕砖砚录总目索引

后

记

后　记

　　《陆星农砖砚录》为清代金石学之佳作，鉴考并重，著录翔实。然终为未竟之作，仅存二百砚录。上海图书馆幸存全稿，陆氏原稿在前，狄辰重誊在后。余甲午初居娄东，竭力搜寻乡邦文献，幸得寓目前贤手泽，决意付梓，以续吉金乐石之志。受命以来，虽夙兴夜寐，尽心竭力，然所批之处，难免挂一漏万。故拙稿虽付剞劂，然心犹惴惴不安。文字校勘，未有止境，唯求尽善尽美，方显先贤呕心沥血之旨。原稿主张，未敢擅动，商榷之处，谨慎标注。全稿以通行简化字改定。所持个人看法，不为定论，望读者审慎取舍。不当之处，乞请不吝指正为谢。

癸卯九月黄辉识于娄江见月草堂

2022年教育部人文社科青年项目"明清娄东书画鉴藏、著录与艺术文献整理研究"（项目编号：22YJC760026）成果

图书在版编目（ＣＩＰ）数据

陆增祥砖砚录二种 / (清) 陆增祥原著；黄辉点校整理. — 沈阳：辽宁美术出版社，2024.8

ISBN 978-7-5314-9508-6

Ⅰ. ①陆… Ⅱ. ①陆… ②黄… Ⅲ. ①古砚—中国—图录 Ⅳ. ①K875.42

中国国家版本馆CIP数据核字(2023)第137367号

出　版　人：彭伟哲
出版发行：辽宁美术出版社
地　　　址：沈阳市和平区民族北街29号　邮编：110001
印　　　刷：沈阳丰泽彩色包装印刷有限公司
开　　　本：889mm×1194mm　1/32
版　　　次：2024年8月第1版
印　　　次：2024年8月第1次印刷
印　　　张：6.25
字　　　数：150千字
责任编辑：严　　赫
书籍装帧：贾丽萍
责任校对：郝　　刚
责任印制：徐　　杰
书　　　号：ISBN 978-7-5314-9508-6
定　　　价：98.00元

邮购部电话：024-83833008
E-mail：lnmscbs@163.com
http://www.lnmscbs.cn
如发现印装质量问题，请与我社出版部联系调换。
出版部电话：024-23835227